W0316602

babycook book

David Rathgeber

y

Laurence Bonnet

Prefacio

¡Cuánta felicidad!

Soy cocinero. Escribo este libro para mi hijo Alphonse, para su mamá Mi y sus amigas. Y para las madres primerizas que comparten un mismo deseo y un mismo desvelo: dar a su hijo lo mejor de las frutas, de las verduras y de los productos que dan vida a nuestros mercados, al mismo tiempo que el placer de descubrir sabores nuevos. Próximos o lejanos: Mi es sueca, pero en nuestra mesa los platos de su infancia hacen buenas migas con nuestras recetas.

Fue Mi quien compró un babycook. Cuando nació Alphonse, ahora va a hacer dos años. Para preparar el destete utilizando productos frescos, que guardan el máximo de sus vitaminas, minerales y oligoelementos gracias a la cocción al vapor. Pero con el tiempo y, sobre todo, ante el abanico de colores y olores del mercado, quiso salir de la monotonía del puré y la papilla clásicos y compartir con su hijo el placer de preparar y probar (los dos) platos especialmente diseñados para Alphonse, rápidos pero bien hechos, de forma que supusieran un placer diario. Sí, pero, ¿qué producto elegir y por qué, cómo cocinarlo y no sólo cocerlo para que se transforme en un instante de felicidad?

He creado estas recetas como hago con las de la carta del restaurante. Por estaciones, con buenos productos del mercado. Cada receta desprende el sabor de un producto, a veces basado en una hierba, una planta aromática, una especia o una combinación de sabores específica.

Cuando una verdura constituye el tema de una receta (¡y me encantan las verduras!) lo desarrollo jugando con los conceptos de «lo crudo y lo cocido», «lo crujiente y lo blando», siguiendo los principios de Alain Ducasse, para hacer que el niño empiece cuanto antes a descubrirla en toda esa variedad de aspectos. Con presentaciones lúdicas para avivar su curiosidad y provocarle, de forma que no pueda resistir la tentación de meter el dedo en el plato…

Y como ese descubrimiento debe ser progresivo, he planificado mis recetas *Babycook Book* para que sigan esa evolución, respetando siempre los principios básicos de la nutrición y con todo lujo de detalles para que las mamás puedan adaptarlas al desarrollo de su hijo, según el ritmo de cada uno y los consejos de su pediatra.

El sabor de los preparados se va a ir enriqueciendo y afinando a medida que el bebé pueda tomar alimentos insustituibles en la cocina: una cebolla nueva junto a las verduras, cocido todo al vapor, unos brotes tiernos de espinaca crudos añadidos al puré para realzar su color, unas gotas de aceite de oliva o una pizca de perejil fresco picado muy fino y espolvoreado sobre el plato, unos granos de flor de sal, como decoración, para probar...

Por su parte, la consistencia depende del triturado, del número y la duración de los giros de motor que demos..., que, a su vez, dependen de la firmeza del producto: ¡evidentemente, no podemos aplicar la misma técnica en el caso de una cereza o de un habita! También va a depender de la cantidad de jugo de cocción, agua, leche o nata líquida añadida a los ingredientes entre cada giro... Empezaremos por una crema o un puré muy fluido que se pueda tomar con biberón; a continuación, un puré más consistente, pero sin grumos, para las primeras tomas con cuchara; luego un puré con textura de «caviar» cuando el bebé empiece a masticar; por último, un puré con tropezones cuando ya le hayan salido los primeros dientes.

Hemos clasificado las 77 recetas del *Babycook Book* aplicando la lógica del quehacer diario de un ama de casa: por familias de productos del mercado. Naturalmente, las verduras ocupan la mayor parte. Esperamos satisfacer con ello a pediatras y nutricionistas, puesto que suelen salir malparadas a pesar de su valor dietético.

En cada receta, especificamos la edad mínima aconsejada (a título indicativo y con todas las reservas), así como la estación del año, de modo que los productos se encuentren en su punto óptimo de calidad.

El primer capítulo constituye nuestra tarjeta de presentación. Lo hemos dedicado a las primeras experiencias: manejo del babycook, primeros pasos de la recién estrenada mamá en la cocina del bebé y, por último, la valoración del bebé. A los seis meses, Alphonse expresaba ya claramente su satisfacción..., o su rechazo, ante un sabor todavía desconocido, casi siempre antes de probarlo: a los dieciocho meses ya le gustaba la remolacha y el queso de tetilla (o cualquier otro queso de vaca, de pasta compacta y 45% de MG), el eneldo y los pepinillos en vinagre...

En todas las recetas del *Babycook Book* figura la puntuación del cocinero y del nutricionista, junto a mis consejos de «papá-chef» respecto a la selección de ingredientes, así como ideas y variaciones para llevar a cabo.

Ahora son las mamás las que han de tomar el relevo y poner su imaginación en marcha, pues la diversidad culinaria y la diversificación alimentaria hacen muy buenas migas...

David Rathgeber
Chef del restaurante Aux Lyonnais
Papá-chef del *Babycook Book*

Índice

De los pastos
Las carnes

76

De los pastos

De la mar...
El pescado

88

De la mar...

Cestas de fruta
Las frutas

102

Cestas de fruta

Postres y meriendas
Golosinas

112

Postres y meriendas

¡Cuántas cosas nuevas nos descubre mamá en torno a la comida...!

6

Y aquí estamos. El bebé ha cumplido 4 meses. Va a empezar a explorar el mundo a partir de lo nuclear: el sabor de las cosas de la vida. Y la vida, por el momento, aparte del arrullo en los brazos de mamá y las caricias de papá, se reduce al contenido del biberón. Los cereales, las primeras papillas de fruta, los purés van a ofrecer la oportunidad de iniciar al bebé en la comida de verdad y preparar el paso del biberón a la cuchara, en esa forma de diálogo cariñoso en que se convertirá la comida.

Recién nacido, ya sabía mamar. Y reconocer lo salado, lo dulce, lo ácido y lo amargo. Ya va siendo hora de que afine esas sensaciones..., y manifieste su opinión sobre lo que va descubriendo con el lenguaje gestual de que dispone. ¿Que no le gusta? Pues no insistamos, ya probaremos otro día; y si no, otro... Y si sigue sin gustarle, aceptémoslo como una manifestación de su personalidad, una afirmación de sus gustos.

Ahora ya es un bebé grande que sujeta solo el biberón, coge y chupa todo lo que está a su alcance. Hacia los 5 meses, ya ha aprendido a abrir la boca cuando se le acerca la cuchara, sin rechazarla con la lengua; y hacia los 6 meses aprenderá a beber él solo en «su» taza. Enseguida sonreirá luciendo sus primeros dientes. Entre los 7 y 8 meses va a pasar de la tumbona a la trona, desde donde dominará mejor la situación cuando mamá con su babycook anuncie ese momento tan esperado...

... ¡y a nadie le gusta esperar cuando tiene el estómago retorcido de hambre!

Ese es el momento de darle a probar algo nuevo «salado» (en realidad, sin sal, o con muy poca antes del año y apenas después), **o una textura inesperada,** pues cada vez estará menos triturado el alimento hasta llegar a los primeros trocitos, que sus molares agradecerán, entre los 12 y 18 meses.

Mamá, que sabe lo que le gusta, ha puesto «la mesa del bebé» con el plato de dibujos que él va descubriendo poco a poco, maravillado, a medida que va desapareciendo ese puré tan rico de sabor desconocido. ¿Y no será eso que mamá le dio a probar la semana pasada para ver si le gustaba? Le dio sólo una pizca, para descartar cualquier reacción alérgica. Seguro que sí...

Suele hacer composiciones divertidas con la papilla. El bebé mete los dedos (previamente lavados) y va cogiendo unos trocitos mientras mamá sonríe: «no pasa nada, lleva puesto un babero con mangas»; ella también inventa cuentos acerca de lo que contiene el plato, él hace sus comentarios que mamá parece comprender. Es lo más parecido a un diálogo.

No parece muy oportuno llevar juguetes a la mesa: distraerían la atención del bebé. Y sería una pena. Además, qué rápido se termina el plato sin necesidad de forzar: mamá calcula exactamente las raciones, y si me quedo con hambre siempre me puede dar un trocito de queso...

7

Lo que más me gusta es hacer la compra casi todos los días «para comer sólo cosas frescas», dice mamá. Abro bien los ojos para mirar los montones de colores, respiro los olores, pruebo las cosas que nos ofrecen los vendedores, a mamá y a mí (a papá también, los domingos), cuando ella les pide su opinión. Mamá sólo quiere «verduras del tiempo, muy tiernas; fruta bien madura; huevos extra frescos; pescados más que frescos», y le dice al pescadero que «le saque los lomos», y al carnicero que «le pique esa carne tan tierna» delante de nosotros...

Volvemos a casa enseguida, sin entretenernos. Hay que meter la compra en el frigorífico cuanto antes para «que no se rompa la cadena del frío».

Mamá guarda los congelados en el congelador, al lado de las raciones que ha congelado para el bebé cuando las ha cocinado con antelación porque le gustan mucho o porque le sobraban (por ejemplo, una calabaza) y las va a aprovechar para otro uso.

Luego envuelve con film todo lo que pone en el frigorífico «para que no se mezclen los olores».

Por último, coloca la fruta en distintos fruteros, encima de la mesa, sin mezclarla (nunca mete en el frigorífico la que contiene agua, para que no pierda su aroma, dice). No hay miedo de que se estropee: nos la habremos comido en uno o dos días.

Pero cuando mamá prepara la cena del bebé (en el último momento) es cuando hay que estar más atento: saca «su» babycook y «su» *Babycook Book* (esos dos siempre andan juntos).

Y la boca se me hace agua...

A nuevos alimentos, nuevos sabores. ¿Y a qué edad?

8

En cierto modo, la diversificación alimentaria es un juego de tira y afloja, gracias al cual el niño aprovecha la evolución de sus capacidades para explorar el mundo del gusto y del sabor. De puntillas. No debemos forzar esa prudencia, pues tiene su razón de ser. Su curiosidad le irá guiando, si se le ha sabido despertar en el momento oportuno...

Ha cumplido 4 meses. La leche exclusivamente ya no basta para satisfacer el gasto de energía que requiere su crecimiento. A los 3 años, el peso al nacer se habrá multiplicado por tres, la altura por dos y su cerebro habrá completado la mayor parte de su desarrollo...

Sin embargo, su sistema digestivo todavía no ha terminado de formarse, y aún le queda un buen trecho... Su estómago no terminará de digerir bien algunas proteínas hasta pasado un tiempo (hay que seleccionarlas). Su hígado alcanzará la madurez a los 3 años, aproximadamente; hasta entonces, sólo podrá digerir las grasas en pequeñas dosis (habrá que evitarlas). Su páncreas produce muy poca insulina hasta los 6 meses, y poca hasta los 3 años, lo que no favorece la asimilación de azúcares (habrá que olvidarse de ellos el mayor tiempo posible..., excepto del almidón). Sus riñones eliminan la sal a partir de los 3 meses (pero prácticamente no la necesitará antes de 1 año). Su intestino es sensible a todo lo que no sean fibras suaves (seamos prudentes); su sistema inmune no funcionará hasta pasados unos meses: habrá que vigilar las posibles intolerancias (gluten) y/o alergias (yodo, yema de huevo, fresas...).

Por contra, cada alimento posee unas cualidades y, por supuesto, unos inconvenientes; excepto la leche materna, «esa maravilla de la naturaleza» que sin embargo hay que completar primero y luego sustituir...

Pero ningún alimento contiene todos los nutrientes necesarios para la alimentación equilibrada de un ser en pleno desarrollo. Ahora bien, las necesidades de vitaminas, minerales y oligoelementos, que el organismo no sabe y no sabrá nunca fabricar, son diarias e imperativas.

¿Qué hacer? La variedad en el plato será la mejor garantía de una salud de hierro, y una fuente de placer, si los padres empiezan pronto y atinadamente cuando el bebé muestra curiosidad por descubrir las cosas que le rodean, pues cada alimento nuevo añade una nota a la gama de colores, olores y sabores familiares. Más tarde, se volverá desconfiado ante lo desconocido y ya será tarde para convencerle de que hay que probarlo todo, siempre sin forzarle. Comer debe ser un momento único: ¡silencio, se prueba!

En diversificación alimentaria, cada bebé lleva su ritmo; los consejos del pediatra están ahí para ayudar a la madre. El contenido de los biberones va indicando el crecimiento del estómago. La reacción del bebé ante la comida, la curva de peso y altura, y la alegría de vivir le indican diariamente si la alimentación es la adecuada. Pero el conjunto del recorrido futuro se abre en una incógnita...

Sin embargo, se puede establecer una hoja de ruta común.

Básico hasta los 3 años: la leche, ¡ahora y siempre! Por su aporte único en proteínas animales y calcio. Las carencias que se detectan en hierro, calcio, etc., la sitúan en un segundo puesto, una vez iniciada la diversificación alimentaria... Mínimo absoluto: 1/2 litro diario después de los 6 meses, incluidos productos lácteos. Pero no leche de vaca antes del año, y únicamente en forma de lácteos o quesos hasta los 3 años. Es muy indigesta y pobre en dos elementos fundamentales: el hierro para oxigenar los glóbulos rojos, y los ácidos grasos esenciales, básicos para el desarrollo del cerebro. ¿Qué hacer entonces? Leche de continuación de 4 a 12 meses, leche de crecimiento de 1 a 3 años, únicamente. Y si es posible, lácteos «especiales para bebé» de cada tipo.

Nutrientes: los cereales, a partir de los 4 meses, por sus glúcidos (entre ellos, el almidón) que se añaden a los azúcares de la leche, y por sus calorías. Trigo, cebada, avena..., además de arroz y maíz (sin gluten). Primero, en biberón; luego en pastas, postres o meriendas.

Remineralizantes y energéticos: la fruta y la verdura fresca, de fibras suaves, a partir de 4 meses. Cocidas (nada crudo antes de 1 año), y en cantidades que deberían ser cada vez más abundantes. Por sus vitaminas, sales minerales, oligoelementos y contenido en agua, son refrescantes e hidratantes en verano.

El huevo es casi perfecto, a partir de 5-6 meses. Empezar por la yema (dura), a la que sólo le faltan los glúcidos para ser alimento completo, y esperar hasta los 8 meses para la clara.

Vitaminas: la mantequilla a partir de 4-6 meses, cruda, en muy pequeñas cantidades (vitaminas A y D); y la nata líquida, el más ligero de los cuerpos grasos, en la punta de una cucharita de postre. Un chorrito de aceite de oliva crudo a los 6 meses (vitamina E, ácidos grasos esenciales).

Proteínas: aves, sin grasa, al punto; el jamón cocido (sin grasa); y la carne, roja o blanca, pero magra. A partir de 6 meses. Indispensables por la calidad de sus proteínas y su hierro, el que mejor asimila el organismo; pero en cantidades pequeñas hasta los 3 años (¡generalmente, habría que dividir por tres las raciones!).

Pescados blancos: contienen yodo, flúor, y son ricos en fósforo y en selenio. A partir de 6 meses, y a voluntad. Para crecer fuerte, alto, con buenos dientes para írselos hincando a la vida... Único pescado azul recomendado: el salmón, por sus ácidos grasos esenciales y su vitamina D, indispensable en la asimilación del calcio y del fósforo...

Para el resto, esperar: a los 15 meses, para las habitas y las tortillas; a los 18, para las coles, las lentejas, los garbanzos y el chocolate; a los 2 años (como mínimo) para las gambas, los moluscos y crustáceos; a los 3, para los higos y las nueces; a los 7, para el pan completo...

¡De nada sirve correr. Vale más ir explorando en profundidad la paleta de sabores de que disponemos!

Aceite de nuez. 28-29, 68

Aceite de pepitas de uva. 56-57, 86-87, 116, 118-119

Aceites... de oliva, de maíz, de girasol: a partir de 6 meses y, preferentemente, crudos; de cacahuete, no antes de los 18 meses (riesgo de alergia). Todos son ricos en vitamina E y en ácidos grasos esenciales, beneficiosos para el sistema nervioso del niño; también en calorías.

Acelga. Crece con facilidad en nuestros huertos y siempre está a mano en los puestos del mercado. Es una hortaliza de penca blanca y hoja verde, fibras suaves y una riqueza no siempre bien valorada: carotenos y vitamina C en la hoja; potasio, calcio y hierro. A partir de 5-6 meses. **48-49, 94-95**

Aguacate. En todas las estaciones, procedente de Israel, Florida, América del Sur. Escogerlo «al punto», cuando ceda a una pequeña presión del dedo (sin apretar demasiado para evitar dejar marcas en la carne), y dejarlo madurar unos días a temperatura ambiente. Única verdura que contiene lípidos, una de las más ricas en potasio, pero sobre todo es un cóctel de ácidos grasos esenciales y vitamina E. A partir de 1 año, cuando el sistema digestivo puede asimilar tanta abundancia. Prepararlo en el último momento, rociando la carne con zumo de limón para evitar que ennegrezca en contacto con el aire. **44-45**

Ajedrea. Planta mediterránea muy aromática, con un ligero sabor a limón. **54-55**

Ajo. Gran riqueza nutritiva. Acción antimicrobiana, antioxidante, antialérgica. El ajo nuevo, sin germen, es digestivo. **27, 40-41, 54-55, 62-63, 94-95**

Albahaca. Aromática de ramas tiernas y hojas suaves, siempre se utiliza fresca; base del *pistou* (pesto) de Provenza. **27, 40-41, 43, 44, 62-63, 90-91**

Albaricoque. Fruta del color del sol (carotenos), de carne dulce (glúcidos) y fibras suaves (para facilitar el tránsito intestinal), así como de alto contenido en potasio; a partir de 5-6 meses. No madura fuera del árbol. **122**

Alcachofa. Alto contenido en minerales (potasio, calcio) y en carotenos; entre sus azúcares se encuentra la inulina, que ayuda a la asimilación de los minerales y al equilibrio de la flora intestinal. Pero su alto contenido en fibras aconseja no darla antes de los 6 meses. **28-29, 46-47**

Alcaparras. Tónicas y diuréticas. **100-101**

Almendras. Ralladas, a partir de 3 años; enteras, a partir de los 4 para evitar atragantamientos. Ricas en lípidos, proteínas, minerales (calcio, magnesio…), oligoelementos (manganeso), vitaminas (E, B9) y fibras. **114-115**

Apio. Rico en celulosa, ya sea apio nabo o apio en rama; empezar hacia los 8-10 meses. **40-41, 50-51, 56-57, 80-81**

Arándano. Bueno para la vista («la fruta de los pilotos de avión») y el sistema digestivo; a partir de 6 meses. Baya de verano; en invierno, puede comprarse congelada por la calidad de su vitamina C. **116**

Bacalao fresco. Es el pescado que contiene menos grasa y uno de los más ricos en potasio. Su carne fina y tersa se deshoja en «pétalos» una vez cocida. A partir de 5-6 meses. **92-93**

Berenjena. Esta prima hermana del tomate contiene potasio, caroteno y fibra. Escogerla con la piel lisa, tersa, muy brillante, con color uniforme y el pedúnculo verde y fresco. A partir de 1 año. **43, 62-63**

Berros. Remineralizantes y tonificantes. Casi igualan al perejil en calcio y en vitamina C; es una de las verduras con mayor cantidad de minerales y vitaminas (B9, carotenos). A partir de 5-6 meses si procede de un cultivo alimentado con agua de manantial, lo que lo convierte en una ensalada controlada. ¡Nunca berros silvestres, sobre todo para un bebé! **24-25**

Brécol. N.° 1 de las verduras en vitamina C y calcio, aconsejada a partir de 4 meses. Escoger con las flores finas y apretadas, de mayo a noviembre en puestos de verduras. Ligero, digestivo, de fibra suave, combina bien con el salmón (al año, aproximadamente) y otros pescados de carne tierna. **34, 70-71, 92-93**

Buey o ternera roja. En filetes, a partir de 5-6 meses, por su riqueza en proteínas, hierro, cinc, vitaminas B1 y B2. Pedir picar al carnicero en el momento y dar al bebé en las 3 horas siguientes. También congelado con menos de 5 por 100 de materia grasa. **82-83, 84-85**

Calabacín. Traído del Nuevo Mundo por la belleza de sus flores (¡que además son comestibles!), reconocido tardíamente como hortaliza, hoy día se encuentra en los puestos del mercado de mayo a octubre. Escogerlo tierno, fino, largo, firme y liso, de color uniforme verde oscuro. Se aconseja consumir en 48 horas, pues se deshidrata enseguida. Digestivo y ligero con fibras suaves, buena dosis de vitaminas y minerales. A partir de los 4 meses. **26, 46-47, 64-65, 80-81**

Calabaza. A partir de los 4 meses. Muy rica en potasio, ocupa una de las mejores posiciones entre las verduras en contenido de caroteno. Pertenece a la familia de los calabacines, procedentes de América del Norte, y posee propiedades curiosas como ahuyentar a los muertos, convertirse en carroza o en un decorado de Halloween... **23, 48-49, 72-73**

Canela. Especia dulce. A partir de 1 año. Estimulante y antiséptica, probablemente calmante de dolores digestivos. **69, 121**

***Cassis* o grosella negra.** Compite con el kiwi en cuanto a vitamina C y calcio; insustituible a partir de 4 meses. **122-123**

Castaña. Así denominado el fruto del castaño (existe otra variedad de castaño silvestre que contiene varios frutos en el envoltorio). Rica en glúcidos. **48-49,116**

Castañas (crema de). Véase castaña. **116**

Cebolla. Rica en glúcidos y sales minerales, carotenos y vitaminas B; es antibacteriana. **24-25, 27, 32-33, 34, 35, 36-37, 38, 40-41, 46-47, 48-49, 54-55, 58-59, 62-63, 82-83, 84-85**

Cebollino. Hierba con alto contenido en vitamina C, calcio y magnesio. Probar hacia 1 año. **68, 100-101**

Cerdo. Para realzar un plato de «mayores». Si no es así, es preferible esperar hasta los 4 años, y lo más tarde posible para el embutido, excepto el jamón de York sin grasa, a partir de 5-6 meses. **82-83**

Cereza. Con su fructosa, más su vitamina C, sus minerales, oligoelementos y fibras suaves, es una de las primeras alternativas a la lactosa de la leche para dar al bebé a partir de los 4 meses... (¡pero no antes de los 4 años con hueso!). Frágil, se estropea rápidamente al aire (y contiene mucha agua para guardar en el frigorífico). Así pues, escogerla no muy madura y de color vivo, tallo verde, piel brillante y tersa; se aconseja comer en las 48 horas siguientes a su recolección. **106-107**

Chalota. La «rosa de Jersey» es la más dulce. «Nueva» en julio, aunque se encuentra en cualquier temporada. Escogerla muy tersa y con las capas muy firmes. **68, 100-101**

Champiñones cultivados. Muy ricos en sales minerales (potasio) y oligoelementos, vitaminas B, D y K. Escogerlos tiernos, blancos sin jaspeados; a partir de 1 año. **87, 94-95**

Chocolate. Tonificante (hierro), energético (calorías), refuerza el sistema inmune y equilibra el sistema nervioso (magnesio, potasio); a partir de los 18 meses. **120**

Cilantro. Especia aromatizada al limón, en bayas o en polvo. **26, 44, 78-79, 80-81**

Ciruela. A partir de los 4 meses en pequeñas cantidades. Bien provista de minerales y oligoelementos. Depurativa (sorbitol y fibras). Cuando se recolecta madura, va provista de una película blanca. **122-123**

Clavo de olor. Estimula el apetito. Contiene eugenol, antiséptico utilizado en problemas digestivos y, localmente, en dolores de muelas. **121**

Col. Presente todo el año, pero valiosa en invierno debido a su riqueza en vitamina C. Cuidado con su contenido en fibras y en azufre: esperar hasta los 18 meses para que el bebé pueda digerirla sin dificultad. **39, 74-75**

Coliflor. Tierna, bien dotada en micronutrientes y fibras (celulosa). A partir de 1 año. **39**

Comino. Semillas de especia de sabor cálido. **78-79**

Cordero. Carne tierna (proteínas, vitamina B, fósforo, ¡y sobre todo hierro!), a partir de 5-6 meses. **78-79, 80-81**

Cuajada. Versión actual de la leche cuajada de antaño, con todas sus propiedades: proteínas; calcio sobre todo, y fósforo; magnesio; vitaminas D y A, más un lote de vitaminas B, y los aminoácidos al completo... A partir de 1 año. **68**

Curry. Mezcla india de especias. **39**

Endibia. Muy digestiva, cocida o cruda, con fibras suaves, se tolera bien a partir de 1 año. Rica en agua, minerales (potasio, calcio), oligoelementos (selenio) y vitamina B9. Entre las mejores: la Perla del norte. **52-53**

Eneldo. Planta de tallos huecos, estimulante, antiséptica, diurética y antiinflamatoria. **92-93**

Espárrago. De fibra suave y acción diurética, además de abundantes vitaminas (C, B9, carotenos) y minerales. Al crecer al aire y a la luz, el espárrago verde es más sabroso que el blanco. De mediados de febrero a finales de junio en el mercado; se conserva crudo, en manojo, 4 días en el frigorífico envuelto en un paño húmedo o papel de periódico, con la punta al aire. **36-37, 46-47**

Espinacas. Famosas por su contenido en hierro y la eficacia de sus fibras, aunque también son ricas en sales minerales (potasio, calcio y magnesio), oligoelementos (flúor) y vitaminas (C, K, B9). Podemos empezar a partir de 5-6 meses si son de huerto o biológicas; en caso contrario, esperar hasta los 12 meses, pues pueden dejar un exceso de nitratos en el agua de cocción... Podemos comprarlas frescas en cualquier estación del año (pero se adaptan mal a los calores del verano); escogerlas tiernas, con las hojas frescas, brillantes, de color verde oscuro; conservarlas crudas, lavadas y envueltas en un paño dentro del frigorífico; consumir inmediatamente después de cocinarlas. **34, 36-37, 66-67, 96-97**

Estragón. Aromática de hojas delgadas, con ligero sabor a anís, que puede cocerse. **68**

Frambuesa. ¡Muy frágil! Recolectarla o escogerla tersa, aromática y de aspecto escarchado. Consumir «inmediatamente», a partir de 6 meses; vitaminas A y C, y fibras. **115, 123**

Fresa o fresón. De Aranjuez o Huelva. Escogerlos maduros, de color vivo y brillante, muy frescos; consumirlos enseguida, sin meter en el frigorífico ni poner en contacto con otra fruta. Contiene azúcar (fructosa), vitaminas equilibradas (C, carotenos) y minerales, ácido salicílico (¡sí, sí, aspirina!) de donde proceden las propiedades medicinales que se le atribuyen. Pero también libera histamina, de ahí el riesgo de alergias. Así pues, aconsejamos empezar poco a poco, a partir de 5-6 meses. **20-21, 114-115, 122**

Fresa silvestre. La madre de las fresas cultivadas. Es un producto muy frágil. Cogerla directamente del huerto, no demasiado madura, ni estropeada ni húmeda, y consumir «a medida que se va recolectando». A partir de 6 meses; vitaminas A y C, y fibras. **114-115**

Fruta de la pasión. Vitamina C y carotenos. Escogerla redonda y achatada, con la piel lisa y brillante. A partir de 8 meses. **110, 122-123**

Gambas. Proteínas, yodo, cinc y... ¡vitamina C! Comprarlas cocidas, excepto recién pescadas, tersas y oliendo a mar. A partir de 2 años bien cumplidos. **44**

Garbanzos. Nutritivos y energéticos. Contienen abundantes vitaminas, minerales y oligoelementos. Por sus fibras y su azufre no son aconsejables antes de los 18 meses. Esta semilla, presente en el *hummus* (puré de garbanzos), los *falafels* y el cuscús, debe escogerse muy blanca, sin estrías, y deberá ponerse en remojo varias horas antes de cocinarla. **58-59**

Guisantes del huerto. Podemos encontrarlos de mayo a julio en los puestos del mercado, donde los escogeremos con las vainas lisas, brillantes, repletas

y frescos al tacto. Tiernos (fibras suaves) y azucarados (glúcidos), poseen la mejor densidad de proteínas de las hortalizas verdes. Frescos (biológicos) o congelados, se puede iniciar al bebé en un puré claro a partir de los 4 meses; en papilla, a partir de 6-8 meses; pero enteros sólo a partir de los 3 años para evitar posibles atragantamientos. **32-33, 46-47**

Habitas. Ricas en proteínas, glúcidos y fibras, contienen también hierro y cobre (que el hígado necesita para fijar el hierro). Las mejores las encontramos en los mercados, procedentes de la huerta murciana o valenciana. Retirar la piel bajo la vaina para que queden tiernas y digestivas una vez cocidas. A partir de 15 meses. **32-33, 46-47, 54-55**

Higo. Rico en calcio y fibras (pectina), escogerlo ligero, con el tallo terso. A partir de 3 años. **123**

Hinojo o eneldo dulce. Planta medicinal conocida desde la Antigüedad, esta verdura de hojas mediterránea con sabor a anís es una de las plantas frescas más ricas en agua y sodio, además de poseer un contenido nada despreciable en vitaminas (C sobre todo, A y B9). **46-47, 90-91**

Huevo de gallina. Escogerlo «extrafresco», «biológico» o de corral. Empezar por la yema, dura, a partir de 5-6 meses (probando con precaución para detectar posibles alergias); a continuación, la clara (también dura) a partir de los 8 meses; el huevo pasado por agua, a partir de 1 año; los huevos al plato y las tortillas, a partir de los 15 meses. La yema es la parte más valiosa: muy rica en fósforo y calcio, hierro, yodo y vitaminas A, D, E y B9. Sin olvidar sus proteínas, lípidos, calorías... **23, 62-63, 64-65, 82-83, 86-87, 98-99, 116, 118-119, 121**

Jamón ahumado. Únicamente para realzar el sabor de un plato y para los «mayores»... **84-85**

Jamón de York. Contiene tantas proteínas, hierro, potasio y calorías como la carne. A partir de 5-6 meses, siempre que sea blanco, magro (o sin grasa) y de calidad: cocido, por ejemplo. **26, 62-63, 72-73**

Jamón serrano. Sólo también para realzar el sabor de un plato de los «mayores»... **56-57**

Jarabe de arce. La miel de Canadá... **118-119**

Jengibre. Se le atribuye un montón de cualidades: facilita la digestión, mejora la visión, calma problemas respiratorios; en infusión, combate la tos, las náuseas o la gripe. **121**

Judías verdes. Ligeras, digestivas. Contienen minerales (calcio) y vitaminas (B9, carotenos). Ricas en fibras. A partir de los 4 meses. Escogerlas extrafinas. **35, 50-51, 80-81**

Kiwi. A partir de los 6 meses. Un tesoro de vitamina C, además de calcio y hierro... Escogerlo entero y dejarlo madurar al lado de una manzana (consejo de cosechero). **110, 122**

Laurel. Hoja aromática que suele utilizarse junto al tomillo, siempre en cantidades muy pequeñas, y se retira del plato antes de servir. **26**

Lechuga. (véase lechuga rojiza.) **24-25**

Lechuga rojiza. Lechuga compacta y de color rojo (de ahí su nombre), con el cogollo terso y crujiente, de sabor dulce. La lechuga de hoja de roble, *lollo rosso*, etc., contiene mucha agua, fibras, minerales, oligoelementos y vitaminas. **24-25**

Lenguado. Pescado blanco sin grasa, muy fino, muy rico en calcio y fósforo, además de en yodo y flúor. Ideal a partir de 5-6 meses. Comprarlo muy fresco, servirlo muy hecho, con la carne de un blanco nacarado (estará más seca si el lenguado es congelado). **96-97**

Lentejas. Poseen grandes cualidades: ricas en proteínas, glúcidos y vitaminas; también contienen hierro, en lo que compiten con las espinacas; mucha fibra (pero poca celulosa), por lo que resultan bastante digestivas. De 18 meses en adelante. Escoger lentejas verdinas, comprarlas secas y dejarlas en remojo una noche antes

Moras

de cocerlas bastante tiempo, o cocidas, envasadas al vacío... **56-57**

Levadura. Proteínas, la gama de vitaminas B, y un buen aporte de calcio. **118-119**

Limón. Vitamina C y calcio. Su zumo evita que se oxide la carne del aguacate, los champiñones, la manzana... **28-29, 44, 48-49, 52-53, 90-91, 92-93, 96-97, 104, 106-107**

Lubina. Así denominado este pescado en el Mediterráneo, en el Atlántico suele denominarse «róbalo». Pescado blanco, rico en proteínas, yodo y flúor. A partir de 5-6 meses. **90-91**

Mango. Se escoge ligero, terso, sin rastros en la piel, cuyo color (de verde a naranja) indica la variedad y no el grado de maduración. Procede de América, África o del sudeste de Asia (el de mejor aroma). A partir de los 6 meses, sobre todo por su vitamina C y sus carotenos. **108, 110**

Manzana. Valiosa a partir de los 4 meses por su riqueza en agua, azúcares y vitamina C (entre todas las variedades, la Reineta es la... reina), su equilibrio en micronutrientes, la suavidad de sus fibras (pectina). Escogerla tersa, con la piel brillante (pero sin aspecto encerado...). Si se va a comer cruda, cortarla en el momento de servir, o añadir unas gotas de limón en la carne para evitar la oxidación. **48-49, 105**

Melocotón. Una de las primeras frutas para iniciar a los más pequeños. También una de las más frágiles. Refrescante, azucarada, vitaminada (A), de fibra suave si está en su punto de maduración. Tantearla para sentir su ligereza, sin presionar para no estropearla. Escogerla no demasiado madura y dejarla madurar fuera del frigorífico, sin contacto con otras frutas. Prepararla en el último momento. **20-21, 105**

Melón. Hidratante, revitalizante y diurético. Contiene abundante agua, potasio, azúcar, vitaminas (C, carotenos) y toda la gama de minerales y oligoelementos. A partir de 6 meses. **42**

Membrillo. Su pectina le otorga las mismas cualidades que la zanahoria para paliar problemas intestinales, pero en recetas dulces (y cocidas). A partir de 4 meses. **104, 116**

Menta. Planta vivaz de aroma fresco; calmante, antiespasmódica y digestiva. **42, 64-65, 80-81**

Miel. Además de en azúcares es rica en hierro, vitaminas, micronutrientes... Seleccionarla por el nombre de la planta de la que han libado las abejas y/o de la denominación de origen. La miel de acacia, clara y líquida, es la más dulce. **69, 122-123**

Mora. Por su vitamina C y sus azúcares, además de su equilibrio en minerales, oligoelementos y vitaminas, a partir de 6 meses. **116, 122-123**

Mozzarella. Queso de pasta blanda del sur de Italia, hecho con leche de búfala, rica en proteínas y lípidos. La mejor, la de Campania. A partir de 1 año. **67**

Nabo. Contiene potasio, calcio, glúcidos y vitaminas. Ligero en hortaliza pequeña de primavera. A partir de 18 meses. **46-47, 80-81**

Naranja. A partir de 4 meses, por sus vitaminas C y B9, además de sus carotenos y sus fibras suaves. **116**

Nueces y avellanas. ¡Precaución con posibles atragantamientos! No antes de los 3 años, ni siquiera «picadas», a pesar de su riqueza en lípidos (ácidos grasos esenciales), proteínas, fósforo y fibras. Nueces tiernas en otoño. **69**

Nuez de pacana. Gran calidad nutricional y altamente energética. Rica en ácidos grasos, proteínas, minerales y oligoelementos, aporte de vitaminas originales (B1, B2, B3 y E). Bien triturada, a partir de 18 meses. **120**

Nuez moscada. Especia suave, para rallar o en polvo. **66-67**

Pan blanco. A partir de los 10 meses, el bebé puede mordisquear la corteza, pero no empezará a masticar hasta los 18 meses, aproximadamente. El pan completo deberá esperar hasta la edad de la razón, 7 años. Glúcidos, proteínas, vitamina B9, fibras y gluten (posibles riesgos de intolerancia). **32-33, 56-57**

Papaya. Famosa en Tahití por su acción benéfica en la digestión de los niños. Apreciada a continuación por los investigadores por otras virtudes protectoras del organismo. Elegirla blanda. A partir de 4 meses. **110**

Parmesano. Entre los quesos más ricos en calcio y fósforo. A partir de 1 año. **72-73**

Pastas. Glúcidos, proteínas y calorías. A partir de 6 meses en fideos o en sopa de letras, hacia los 8 meses en «pastas para mayores». **67**

Patata. En puré, no antes de los 8 meses debido a su alto contenido en fibras, pero esperar hasta los 18 meses para las patatas fritas, caseras o de bolsa. Su riqueza en glúcidos (entre los que se encuentra el almidón), verdaderos carburantes de energía, aventaja con mucho a las demás verduras. Se añade una buena gama de minerales y oligoelementos, además de su contenido en vitamina C (¡claro que sí!), sobre todo si hablamos de la patata recién recolectada en marzo, «nueva» o «temprana» hasta el 31 de julio. **22, 24-25, 26, 34, 35, 38, 46-47, 48-49, 50-51, 54-55, 70-71, 78-79, 82-83, 84-85, 86-87, 94-95**

Pavo. Proteínas, fósforo, potasio, magnesio, hierro... Este «pollo de Indias», descubierto por Cristóbal Colón en América del Norte, incluido en el menú de Navidad en muchos países de Europa y de *Thanksgiving* en Estados Unidos, puede darse al bebé a partir de 5-6 meses en escalopes, preferentemente con DO («denominación de origen») o de corral. **74-75**

Pepinillos. Realzan el sabor de los alimentos. No abusar por su grado de acidez. **100-101**

Pepino. Primo hermano de los calabacines, pepinillos y melones. Rico en agua, y por tanto refrescante y diurético. Fuente de minerales y vitaminas (entre ellas, las del grupo B). Escogerlo pequeño, de un verde oscuro uniforme, con la piel lisa y tersa, así tendrá pocas pepitas y se tolerarán mejor sus fibras (a partir de 8 meses). **40-41**

Pera. Fruta de verano sobre todo, aunque también de otoño e invierno, que debemos manipular con cuidado para no dejar marcas y cortar en el último momento para evitar que ennegrezca. Refrescante e hidratante, contiene fibras suaves y, entre sus azúcares, se encuentra el sorbitol que estimula la digestión. Puede darse a partir de 4 meses. Una vez recolectada, sigue madurando... **21, 48-49, 105**

Perejil plano. ¡Muy bueno para la salud! Aromatizar las papillas y purés del bebé con un jugo de perejil o con hojas picadas muy finas le permite consumirlo fresco con sus cualidades intactas: enormemente rico en potasio, calcio y magnesio, en vitaminas C y K, carotenos... **26, 38, 46-47, 52-53, 62-63, 86-87**

Perifollo. Caroteno, vitaminas C y K, calcio y potasio. A tener en cuenta desde muy temprana edad. **24-25, 68**

Pimiento. Pimiento grande de sabor dulce. Preferir el rojo al verde, pues contiene más azúcar y el doble de vitamina C (carotenos también). Escogerlo terso, brillante, liso y sin roces. **40-41, 43, 62-63**

Piña. Una de las frutas que más vitaminas contiene, estimula la digestión gracias a una enzima, la bromelina. Se puede tomar fresca todo el año; elegir ejemplares con las hojas muy verdes y la etiqueta «viaje en avión», que garantiza un traslado rápido desde los Trópicos. Servir muy triturada a partir de los 8 meses. **110**

Piñones. Frutos del pino, del que el sabor sutil de la semilla ya era apreciado en todo el mundo desde la Prehistoria. Ricos en proteínas y calorías, también producen un aceite que se estima beneficioso para el esfuerzo intelectual. **62-63**

Plátano. Tan dulce y nutritivo como amarillo y moteado. Dejarlo madurar al aire: cultivado en climas cálidos, no le va bien el frío. Alto contenido en potasio y magnesio, vitamina B, almidón y fibras suaves, bien toleradas por el intestino a partir de los 4 meses. **21, 122**

Pollo (pechuga de). ¡Sin piel! Ligero y digestivo a partir de 5-6 meses: contiene proteínas en abundancia, pero sin grasa; además cuenta con buenos aportes en hierro, potasio, fósforo y vitaminas B. **70-71, 80-81**

Puerro. Básico de invierno, pero el puerro nuevo de primavera, aromático y delicado, es preferible para los bebés (a partir de 4 meses). Consumir frecuentemente por su acción remineralizante y diurética, sus fibras, glúcidos y vitaminas. Escogerlo muy fresco, con el tronco largo, recto y blanco, las hojas erguidas y de un verde intenso, aunque sólo demos al bebé lo blanco. Puede pasar varios días crudo en el frigorífico, pero no se conserva cocido. **38, 70-71**

Queso. Queso de cabra semifresco. **27**

Queso blanco. La mejor fuente de proteínas de los lácteos. Compite con el yogur en calcio y calorías. A partir de 1 año. **64-65, 69**

Rábanos. Ricos en sales minerales, no es despreciable su contenido en vitamina C. Escogerlos tersos y pequeños. **46-47**

Remolacha. Muy apreciada cocida pues es muy dulce (sacarosa), también cruda a partir de 1 año. **84-85**

Ricotta. Queso de cabra o de oveja, adoptado por la cocina tradicional de Campania. Forma parte de los ingredientes de postres como la *pasteria* de Pascua en Nápoles. **67**

Romero. Tónico y estimulante. **58-59**

Ruibarbo. Acción astringente y alto contenido en fibras. Esperar hasta el año. **114**

Salmón. Migrador nacido en agua dulce, crece en el mar y se reproduce en los ríos que remonta. Sólo el salmón salvaje de menos de 3 años, de Escocia o de Escandinavia, es un manjar digno de nuestra atención. «Pescado de aguas frías», es rico en ácidos grasos esenciales y en vitaminas A y D, que favorecen la asimilación de su calcio y su fósforo. A partir de 1 año. **94-95**

Salsifíes. Glúcidos, fibras. A partir de los 18 meses. **48-49**

Salvia. Planta mediterránea de sabor ligeramente amargo, digestiva y estimulante. **50-51**

Sandía. Toda agua, rica en vitaminas. Escogerla con la piel lisa, gruesa, ligera, de color homogéneo y con una grieta en el pedúnculo, que indica que es tan buena como atractiva para los que ya han cumplido 8 meses. **107**

Sémola de trigo duro. Glúcidos y proteínas. A partir de los 6 meses (riesgo de intolerancia al gluten). En la cocción, absorbe tres veces su peso de agua. **82-83**

Serpol. Tomillo silvestre de aroma discreto. **35**

Ternera. Carne sin grasa y tierna que puede servirse picada a partir de 5-6 meses. **86-87**

Tocino de pueblo ahumado. Excepcionalmente, para potenciar el sabor de un plato de los «mayores». **74-75**

Tomate. Se puede dar al bebé la pulpa de un tomate muy maduro, cocido y sin pepitas, a partir de 4-6 meses, pero habrá que esperar al año cumplido para servirlo crudo. Para comprar un tomate en su punto de aroma, sabor, vitaminas (entre ellas, la C) y minerales, hay que esperar a los mercados de mayo y conservarlo al aire libre, pues el frío mata todo el sabor de esta «manzana de amor». **27, 40-41, 62-63, 70-71, 78-79, 90-91**

Tomillo. Sobre todo se utiliza cocido. Es preferible el serpol o tomillo silvestre, de hojas diminutas y muy aromático; ayuda a hacer la digestión. **26, 56-57, 94-95**

Uvas. La fruta fresca que contiene más azúcar, además de minerales (potasio) y fibras. Sin piel ni pepitas, a partir de los 4 meses; entera, cumplidos los 4 años. **48-49**

Vainilla. Vaina perfumada de origen americano, de la que se raspa la pulpa. **105**

Vieiras. Proteínas, vitamina C, fósforo, yodo y cinc. A partir de 18 meses. **100-101**

Vinagre balsámico. A base de mosto de vino, envejecido en barrica (más de veinte años para el mejor vinagre balsámico de Módena). Poco ácido, sabor dulce. **52-53**

Vinagre de Jerez. Producido a partir del vino de Jerez, en Andalucía. Su sabor a madera y a sol procede de las barricas de roble, donde fermenta el vino durante seis años aproximadamente, ¡o mucho más! **40-41**

Yogur. ¡Calcio! Esta leche fermentada es preciosa también por sus proteínas y vitaminas (B2, B12). Mejor si cabe: los yogures «especiales para el bebé» de 1 a 3 años, fabricados con leche de crecimiento, enriquecidos con hierro y ácidos grasos esenciales. **122-123**

Zanahoria. Cocida, a partir de los 4 meses, si es «ecológica» o de huerto (para evitar el riesgo de exceso de nitratos en el agua de cocción). Cruda (rallada), no antes de 1 año. En manojo, en fruterías desde finales de abril a finales de julio, «de temporada» hasta mediados de diciembre, la zanahoria nueva debe ser crujiente, de color vivo, con las hojas verdes y frescas; puede conservarse durante unos días en el frigorífico sin perder su contenido en carotenos y en fibras que regulan el tránsito intestinal. **22, 32-33, 46-47, 50-51, 56-57, 80-81, 84-85**

17

Salvia

Un bebé que crece... a pasos agigantados ya va a empezar a probar otros sabores y otras texturas, diferentes a los de la leche y los cereales.

Una mamá encantada en su papel de madre, pendiente de la alimentación más adecuada para la salud de su retoño.

Y un babycook a estrenar.

Porque la cocción al vapor está considerada como la mejor, sin ningún género de dudas, para conservar todas las cualidades de los alimentos..., y porque conviene triturarlos al mismo tiempo, según la consistencia que corresponde al desarrollo del niño, para darle la comida sin más dilación...

Esto bien merece un capítulo para que se vayan familiarizando unos con otros, antes de entrar en materia, de tomarse la libertad de dar un consejo y de vivir a tope esos momentos privilegiados entre padres e hijo, como son las comidas del bebé. Por supuesto, papá también quiere compartirlas; ¡para eso es un papá-chef, que ha creado estas recetas para su hijo Alphonse!

Al principio, las recetas son sencillas.

Vamos a cocer al vapor las primeras frutas y verduras para el bebé, tratando de respetar su auténtico sabor (Las papillas de fruta de los amiguetes). Y a proponer a las mamás que vayan perfeccionando las recetas poco a poco (puré de zanahoria, *fondue* de tomate), enriqueciéndolas con el paso del tiempo (crema de calabaza, calabacín aplastado con tenedor), combinándolas con otras verduras y hortalizas de su misma familia (berros y lechuga); en definitiva, sofisticándolas con vistas a los días de fiesta –¡alcachofa hoja a hoja!...

A continuación, vamos a girar el mando de la batidora tantas veces como sea preciso para obtener la consistencia deseada, en función de las etapas de crecimiento..., ¡pues el pequeñín se hará mayor! ¿Puré muy líquido o crema homogénea, sin grumos, para beber con biberón? 3 giros. ¿Puré o papilla cuando empieza con la cuchara ? 2 giros. ¿Consistencia de mermelada o caviar (!) cuando aparezcan los primeros dientes de leche? 1 giro..., que iremos recortando a medida que el niño empiece a masticar trocitos.

Los productos se han elegido respetando los principios fundamentales de la nutrición del niño. También damos algunos consejos para ayudar a recolectarlos o comprarlos lo más frescos y tiernos posible.

Inicialmente, los sabores son suaves. Ya los realzaremos más adelante. Un poquito hacia el año, y un poco más cuando los gustos se vayan afirmando, hacia los 18 meses, en principio. Pues hay temerarios a los que les encanta el vinagre (el balsámico, el más dulce, para empezar), o los cristales de flor de sal –aunque no son aconsejables antes de 1 año, ni muy poco después...

Y las recetas de ese «primer contacto con la comida» deberán evolucionar. Porque si logramos seducir al bebé, será para toda la vida.

19

El primer contacto con la comida

La opinión de mamá:

Se trata de postres muy refrescantes para el verano y estupendos cuando al bebé no le gusta el agua. Además, también podemos aromatizar los biberones de agua, añadiéndoles un poco de jugo de cocción de las frutas...

Desde los **4** meses en adelante

Las papillas de fruta de los amiguetes

[**10 a 15 min**

Utensilios necesarios

Tabla de cortar
Cuchillo pequeño de punta
2 vasos grandes (o biberones)

Ingredientes base

Dos frutas de temporada, que trituraremos justo antes de dárselas al bebé, templadas, frescas, o incluso heladas (para los mayores de 1 año, ¡pues les va a encantar!). Poner un poco de azúcar, si es preciso, y guardar en frío su jugo de cocción para la merienda...

Papilla de melocotones y pera

Cosas buenas de esta receta

El melocotón y la pera son muy buenos para los pequeños. Refrescantes e hidratantes, ligeros y vitaminados, y con fibra suave. Y, además, la pera añade a los azúcares del melocotón su sorbitol, que estimula la digestión. Pero los dos son frágiles, hay que manipularlos con precaución y prepararlos en el último momento.

Compra para un bebé de 4 meses

[**en el mercado** 2 melocotones de viña bien rojos
1 pera Williams

[**en el súper** 1 chispa de azúcar blanquilla

La receta paso a paso

[Pasar las frutas por el agua. Pelar la pera, cortarla en cuatro trozos, retirar el corazón y las pepitas, cortar la pulpa en trozos que se pondrán directamente en la cesta de cocción al vapor. Pelar los melocotones, pasando primero el canto del cuchillo por todo el melocotón para que la piel se separe fácilmente (¡técnica de entendidos!). Cortarlos por la mitad, retirar el hueso, cortar la pulpa en trozos y añadirla a la cesta. Cocer durante 5 min (nivel de agua 1). Guardar el jugo de cocción en un vaso. Trasvasar la fruta a la batidora y dar un giro al mando. Probarla, si fuera preciso añadir un poco de azúcar. Y servir todavía templada...

Papilla de pera y fresas

Compra para un bebé de 6 meses...

[**en el mercado** 1/2 pera ercolina en primavera, y de agua en verano
1/2 cestita de fresas o fresón (125 g)
[**en el súper** 1 pizca de azúcar moreno

... y para un niño de 1 año

1 pera entera
1 cestita de fresas (250 g)
(... y el poquito de azúcar moreno)

Cosas buenas de esta receta

La fresa es muy rica en fructosa y vitamina C cuando está madura: rojo brillante, aroma penetrante. Pero los riesgos de alergia a su histamina requieren esperar a los 5-6 meses para irla introduciendo poco a poco en el menú. La pera aporta su agua, sus azúcares y vitaminas. ¡Un dúo con un éxito seguro!

El consejo de papá-chef:

¿Por qué una pera de agua en verano? Porque es jugosa, fundente, perfumada y perfecta para las papillas y compotas o sencillamente aplastada con un tenedor. ¿Y en primavera? Es preferible la ercolina, dulce y tersa.

La receta paso a paso

[Lavar la pera, cortarla en cuatro trozos, pelar los cuartos, retirar el corazón y las pepitas. Poner los trozos en la cesta de vapor. Lavar las fresas en un colador bajo el chorro de agua fría, escurrirlas y, luego, quitarles los rabos. Incorporarlas al cestillo. Cocerlo todo 10 min (nivel de agua 2). Guardar el jugo de cocción en un vaso. Trasvasar la fruta a la batidora. Dar 3 giros de motor para obtener una papilla ligera y fluida.

[Probarla, añadir azúcar con cuidado hasta que el sabor de la compota sea agradable, sin enmascarar el sabor de la fruta...

Papilla de plátano y fresas

Compra para un bebé de 6 meses...

[**en el mercado** 1/2 plátano maduro
1/2 cestita de fresas o fresón (125 g)

[**en el súper** 1 pizca de azúcar blanquilla

... y para un niño de 1 año

1 plátano entero
1 cestita de fresas (250 g)
(... y el poquito de azúcar)

Cosas buenas de esta receta

¡Buen tándem! Denso, carnoso, dulce (tanto como amarillo y moteado), el plátano es una magnífica fuente de potasio y magnesio... Ligera pero energética, la fresa es un auténtico concentrado de fructosa y vitamina C –sin olvidar un eventual test de alergia...

La receta paso a paso

[Pelar el plátano. Cortar una mitad (para los bebés de entre 6-12 meses) o el plátano entero (para los mayorcitos de 1 año) en trozos gruesos, que pondremos en el cestillo de vapor. Lavar la fresas en un colador bajo el chorro de agua, escurrirlas y luego quitarles los rabitos. Ponerlas también en el cestillo. Cocerlo todo 10 min (nivel de agua 2).

[Echar el jugo de cocción en un vaso. Trasvasar las frutas a la batidora. Triturar (2 o 3 giros), añadiendo jugo (en pequeñas cantidades) cada vez, hasta obtener una papilla ligera, de la consistencia deseada. Probar y añadir un poco de azúcar si es preciso.

El consejo de papá-chef:
La zanahoria es la primera verdura que se da a los bebés a partir de los 4 meses, para iniciarlos en una alimentación variada. Se trata de una de las primeras recetas que hice para Alphonse. Le sienta de maravilla.

22

El primer contacto con la comida
Primeros purés y papillas de fruta
En cualquier estación del año

4 meses en adelante

Puré de zanahoria

[20 min

Utensilios necesarios

Tabla de cortar
Pelador
Cuchillo de punta fina

Compra para un bebé de 4 meses...

[**en el mercado** 1 zanahoria
1 patata Charlotte

[**en el súper** 1 nuez de mantequilla (para los que tienen 6 meses en adelante)

... y para un niño de 1 año

[**en el mercado** 2 zanahorias

[**en el súper** 1 pizca de sal
1 nuez de mantequilla
... y unos hielos, eventualmente

Cosas buenas de esta receta

¡La zanahoria! Nos gusta desde la cuna (y luego seguimos siéndole fieles), por su color alegre y su sabor dulce. Con razón: su betacaroteno es bueno para la piel (tanto para las mejillas como para el culete); sus fibras suaves facilitan la digestión. A condición de que sea de huerta o de cultivo biológico (para que tenga un mínimo de nitratos). La patata añade su riqueza en almidón, minerales y vitaminas. Y la mantequilla es una magnífica fuente de vitamina A..., consumida cruda.

La receta paso a paso

Para los pequeñines de 4 meses, y hasta 1 año

[Lavar la zanahoria y la patata bajo el agua. Pelarlas con el pelador, lavarlas. Cortar la zanahoria en rodajas finas (¡cuidado con los dedos!), la patata en dados pequeños, y poner a cocer 15 min (nivel de agua 3) en el cestillo de vapor. Tirar el jugo de cocción. Tasvasar las verduras a la batidora. Dar tres giros de motor, añadiendo un poco de agua ligeramente mineralizada cada vez, hasta obtener una consistencia bien lisa, bastante fluida para el biberón y algo más densa, después, para acostumbrarse a la cuchara...

Para los mayores de 1 año

[Comprobar primero que la mantequilla fresca esté dura. En caso contrario, ponerla sobre unos hielos. ¡Olvidémonos de la patata! Preparar las zanahorias como en la receta anterior, pero espolvoreándolas con un poquito de sal antes de cocerlas. Tirar el caldo de cocción y ponerlas en la batidora de la misma forma que se ha explicado anteriormente, hasta obtener la consistencia lisa deseada. Echar en el plato del bebé, cortando la mantequilla en pequeños dados muy fríos que pondremos por encima, para ver cómo se funden en aureolas de color dorado sobre fondo naranja...

El consejo de papá-chef:
Para los mayores, juego entre «lo crujiente y lo que se deshace», poniendo sobre la crema unos dados de calabaza (50 g) que he reservado crudos para pasarlos por la sartén con una chispa de aceite de oliva, sin dejar que se doren, y «secándolos» sobre papel absorbente.

23

El primer contacto con la comida
Primeros purés y papillas de fruta
Primavera

4 meses en adelante

Crema de calabaza

[**20 a 25 min**

Utensilios necesarios

1 bol
Cucharada sopera
Tabla de cortar
Cuchillito de punta

... y para los mayores de 8 meses
1 bol, además de
Una sartén pequeña y
Papel absorbente (eventualmente)

Compra para un bebé de 4 a 12 meses...

[**en el mercado** 100 g de calabaza para 4 meses (= 1 rodaja pequeña)
150 g de calabaza para 8 meses (= 1 rodaja mediana)
200 g de calabaza para 1 año (= 1 rodaja gruesa)

... con, para 4 meses: 2 cucharadas soperas de leche de continuación
... y además, a los 8 meses: 1 yema de huevo «superfresco» de corral
1 nuez de mantequilla

... añadiendo, para un niño de 1 año

[**en el súper** 2 cucharadas soperas de leche de crecimiento
(en lugar de leche de continuación)
1 cucharada sopera de aceite de oliva
1 pizca de sal
1/4 de vuelta de molinillo de pimienta blanca

Cosas buenas de esta receta

Tierna y dulce, la calabaza empieza a gustar muy pronto. ¡Tanto mejor! Se recomienda a partir de los 4 meses por su abundancia en potasio, hierro y magnesio, sus fibras suaves, y el betacaroteno (buen crecimiento, buena visión) que acompaña a su color de sol... La yema de huevo es una estupenda compañera de viaje, con sus proteínas de calidad, su fósforo y sus vitaminas (B sobre todo).

La receta paso a paso

[Pasar la calabaza bajo el agua, retirar cáscara y pepitas, y cortar la pulpa en pequeños dados que pondremos a cocer durante 15 min (nivel de agua 3) en el cestillo de vapor. Recuperar el jugo de cocción en un bol.

[**Para los pequeños de 4 a 8 meses:** Trasvasar los dados cocidos a la batidora. Echar en ella la leche. Triturar hasta obtener una crema perfecta (3 giros de motor) añadiendo, si es preciso, un poco del jugo de cocción cada vez, hasta obtener una consistencia suficientemente líquida para que se pueda beber en el biberón.

[**Para los de 8 a 12 meses:** Antes de triturar, añadir a la leche la yema de huevo y una nuez de mantequilla. Y luego proceder como anteriormente.

[**Para los mayores de 1 año:** Aderezar ligeramente la crema con un poco de sal (y una pizca de pimienta hacia los 2-3 años), echarla en un plato, dibujar luego por encima una espiral de aceite de oliva...

El consejo de papá-chef:

Si prefieren para los mayorcitos un puré de berros, triturar con la menor cantidad posible de agua, mezclando luego en el último momento con la cucharada de nata fresca y la mantequilla.

6 meses en adelante

Crema de berros...

[15 min

Utensilios necesarios

Barreño
Cuchillito de punta
Pelador
Tabla de cortar
«Chino»

Compra para un bebé de 6 meses...

[en el mercado

1/2 manojo de berros
1/2 patata (BF15)

[en el súper

1 cucharada sopera de vinagre (para lavar los berros)
1 cucharada sopera de leche de continuación

... y para un niño de 1 año

[**suprimir** la leche

[añadir

1/4 de cebolla blanca
y para el puré (eventualmente):
1cucharada sopera de nata fresca espesa
1 nuez de mantequilla

La receta paso a paso

Para los pequeñines de 6 a 12 meses

[En un barreño de agua con vinagre, poner en remojo los berros boca abajo, antes de aclararlos varias veces bajo el chorro de agua, sacudiéndolos de vez en cuando. Cortar las cabezas con cuchillo, dejando un poco de tallo (2 cm). Pasar la patata por el agua, pelarla con el pelador, lavarla y cortar la mitad en trozos. Ponerlo todo a cocer 10 min (nivel de agua 2) en el cestillo de vapor. Tirar el caldo de cocción.

[Tasvasar las verduras cocidas a la batidora. Dar tres giros de motor añadiendo la leche antes de triturar por segunda vez y, antes de la tercera, añadir un poco de agua ligeramente mineralizada si se desea una consistencia para beber en biberón.

Para los mayores de 1 año

[Pelar también la cebolla y picar finamente un cuarto que añadiremos al cesto de vapor.

[Cuando tengamos las verduras cocidas en el vaso de la batidora, dar 3 giros de motor, añadiendo un poco de agua ligeramente mineralizada (pero nada de leche) entre una vez y otra, hasta obtener una crema, que pasaremos por el «chino» para que quede bien lisa...

Cosas buenas de esta receta

¡Los berros!... con la imperativa condición de consumir sólo la producción, muy controlada, de los que se crían con agua de manantial. Es una de las verduras más ricas en minerales (sobre todo calcio) y en vitaminas (B9 o ácido fólico, carotenos).
Y tenemos también la lechuga, crujiente y dulce, rica en agua y provista de un buen abanico de micronutrientes...

25

A partir de los **4** meses

... y leche de lechuga rojiza (hoja de roble o *lollo rosso*)

[**Se trata de un cambio para los más pequeños,** pero que permanecerá en el menú durante mucho tiempo, de los berros a una ensalada tierna: una lechuga rojiza, o una mini lechuga verde.

[Eliminar las hojas grandes y el troncho, guardando solamente el cogollo de la lechuga. Lavarlo y cortarlo en trozos, así como una patata pequeña agria o charlotte. Cocer todo 10 min al vapor (nivel de agua 2). Tirar el caldo de cocción.

[Trasvasar las verduras a la batidora. Echar 5 cucharadas soperas de leche de continuación para los menores de 12 meses; de leche de crecimiento para los mayores (o 1 cucharada sopera de nata fresca) con una rama de perifollo, previamente enjuagada y cortada con tijera.

[Triturar: de 2 a 3 giros, en función de la consistencia que se desee, que debe ser ligera, y lo suficientemente líquida para beberse en biberón, si se quiere.

Mamá *sirve la crema de berros con un filete de pescadilla cocido 5 min al vapor (nivel de agua 1).*

El consejo de papá-chef:

Para los mayores (1 año), acentuar el sabor mediterráneo de este plato: confeccionar una bolsita de tela, meter dentro 3 ó 4 granos de cilantro, un poco de tomillo y 1 hoja de laurel (no más); atarla y ponerla en el cestillo antes de cocer.

Desde los **6** meses en adelante

Calabacín aplastado con el tenedor

[**15 min**

Utensilios necesarios

Tabla de cortar
Cuchillo pequeño de punta fina
Tijeras
Tenedor

Y, para los mayores de un año:
Un trocito de tela
(estameña, lino, yute)
15 cm de bramante

Cosas buenas de esta receta

¡Un buen abanico de vitaminas y minerales! El calabacín (cuyas propiedades se han reconocido con bastante retraso) muy digestible, poco calórico, tierno, bien tolerado a partir de los 4 meses. El perejil, fuente de calcio. Y la patata, que liga el conjunto con su almidón.

Compra para un 1 bebé de 6 a 12 meses...

[**en el mercado** 1 calabacín pequeño
1 patata pequeña charlotte
1 rama de perejil plano

[**en el súper** 1 cucharada sopera de leche de continuación (hasta los 8 meses)
... o un chorrito de aceite de oliva

[**en la carnicería** 1 loncha fina de jamón de York (de paletilla), sin grasa, a partir de 8 meses

... y para un niño de 1 año

[**en el mercado, añadir** 1 segundo calabacín, calibrado
1 hoja de laurel
3 ó 4 hojas de tomillo
3 ó 4 granos de cilantro

La receta paso a paso

[Cortar los extremos del calabacín. Lavarlo bien bajo el chorro de agua, ya que le dejamos la piel para dar color al plato. Cortarlo en 4 trozos a lo largo. Retirar las posibles pepitas con el cuchillo. Cortar los cuartos en trozos. Pasar la patata por el agua, pelarla con el pelador, lavarla, cortarla en trozos. Poner las verduras en el cestillo de vapor y cocer 10 min (nivel de agua 2), no más, para conservar verde la piel del calabacín. Mientras tanto, lavar el perejil, escurrirlo, deshojarlo y cortar las hojas muy menudas con tijeras. Tirar el caldo de cocción.

[**Para los peques de 6-8 meses:** Trasvasar las verduras a la batidora con el perejil. Dar 2 ó 3 giros de motor según la consistencia deseada, añadiendo un poco de leche cada vez...

[**A partir de 8 meses:** ¡Nada de batidora, ni de leche! Se esparce por el plato el perejil crudo, el calabacín y la patata cocidos. Se aplastan con el tenedor antes de echar por encima el chorrito de aceite de oliva... Se puede acompañar de jamón de York (de paletilla, más tierno) cortado en tiritas.

La pasta de papá-chef:
Para acompañar las pastas, trituro 30 g de queso de cabra semifresco con 4 cucharadas soperas de fondue de tomate (1 giro de batidora). Añado 1 hoja de albahaca antes del segundo giro de batidora… Menú delicioso, dietético y equilibrado.

27

6-8 meses en adelante

Fondue de tomate «de la casa»

[15 min

Utensilios necesarios

Ensaladera pequeña
Cacerola pequeña
Tabla de cortar
Cuchillo de punta fina
Cuchillo de sierra
Espumadera
Papel de celofán

Compra para un bebé de 6 meses

[en el mercado 1 tomate maduro
2 hojas de albahaca (y 4 con 1 año)
Además de, para los mayores de 1 año:
1/4 de cebolla nueva
1/2 diente de ajo nuevo
… y 1 tomate «Raf» los días festivos

[en el súper 1 chorrito de aceite de oliva
La punta de una cuchara de concentrado de tomate (1 cucharadita con 1 año)
… y unos hielos (para pelar el tomate)
Y también, para los mayores de 1 año: 1 pizca de sal
Unos granos de flor de sal
1/4 de vuelta de molinillo de pimienta blanca

Cosas buenas de esta receta

El tomate con sabor a sol: el rey del verano, ligero, refrescante, repleto de vitaminas (C sobre todo), minerales y oligoelementos. Cocido, muy maduro, sin piel ni pepitas (irritantes), es conveniente desde los 4 meses en caldos y luego en fondue; *crudo, bien firme, siempre sin piel, se reserva para los mayores de 1 año.*

La receta paso a paso

[Llenar la ensaladera de agua fría (con los hielos), y poner a cocer el agua de la cacerola. Lavar la albahaca bajo el chorro de agua, deshojarla y «picar» las hojas con la mano.

[**Luego, para los de 6 a 12 meses:** Retirar con el cuchillo el pedúnculo del tomate, y «mondarlo» (hay que meterlo 20 segundos en el agua hirviendo, luego en agua fría, escurrirlo, pelarlo, ¡y es un juego de niños!). Cortarlo por la mitad, retirar sus pepitas (con los dedos es más fácil), y colocarlo en el cestillo de vapor. Cocerlo 10 min (nivel de agua 2). Tirar el caldo de cocción y trasvasarlo a la batidora. Añadir el concentrado de tomate para intensificar el color. Dar un giro de motor. Añadir la albahaca, dar el segundo giro: tendremos un relleno con una consistencia un poco granulosa. Colocar en el plato, echar un chorrito de aceite de oliva…, ¡y a comer!

[**Para los mayores de 1 año…** Retirar la primera piel de la cebolla, cortar un 1/4 y picarlo fino con el 1/2 diente de ajo, para añadirlo al cestillo de vapor. Guardar toda la albahaca para esparcirla sobre la *fondue* en el plato, enfriar luego el plato unos minutos en la nevera, cubierto con papel de celofán, antes de salarlo ligeramente.

[**… y otra variedad apetecible, «tomate con tomate» los días de fiesta:** Extendemos esta *fondue* en una capa fina sobre las rodajas finísimas de tomate «Raf» afrutado y jugoso pelado. Unas rodajas cortadas con cuchillo de sierra, espolvoreadas con unos granos de flor de sal y un suspiro de pimienta blanca.

La opinión de mamá:
Fuera de temporada, los fondos de alcachofa congelados son prácticamente igual de buenos...

De 4 meses en adelante

Así se come, así, así...

[20 min (+ 5 min eventualmente)

28

Utensilios necesarios

Tabla de cortar
Cuchillito de punta fina
Cuchara de café

Compra para un un bebé de 4 meses...

1 alcachofa de Tudela
1 cucharada sopera de leche de continuación

... y para un bebé de 8 meses

1 alcachofa de Tudela y
1 chorrito de aceite de oliva
en vez de la leche de continuación

Compra para un niño de 1 año
(véase página 29)

[**en el mercado** 2 alcachofas de Tudela
1/4 de limón
15 g de harina

[**en el súper** 1 chorrito de aceite de nuez

Cosas buenas de esta receta

La alcachofa en sus distintas presentaciones: en crema muy fluida para el biberón; en puré para los sin-dientes, presentada en su propio fondo y con las hojas alrededor, como decoración lúdica, para un hambre de lobo...

Riquísima en minerales, remineralizante, la alcachofa contiene también un azúcar especial, la inulina, que ayuda a la asimilación de los minerales, al equilibrio de la flora intestinal, y le da ese sabor dulce, apreciado desde edades muy tempranas.

La receta paso a paso

[**Para los pequeñines de 4 a 8 meses:** Lavar la alcachofa bajo el chorro de agua, sacudiéndola enérgicamente boca abajo para eliminar cualquier impureza. Retirar las primeras hojas y romper el tallo con la mano (en lugar de cortarlo) para sacar todas las fibras duras. Cortar la alcachofa a ras del fondo, retirar el heno con la cucharilla, y cortar el fondo en trozos gruesos. Poner los trozos a cocer 15 min (nivel de agua 3) en el cestillo de vapor. Tirar el caldo de cocción. Trasvasar el contenido del cestillo a la batidora. Triturar: 3 giros de motor, añadiendo leche entre medias, para obtener una crema muy líquida que se pueda servir en biberón; 2 giros, con un poco de leche o de agua ligeramente mineralizada, para un puré de cuchara; 1 giro solamente para un puré de mayor (con trocitos).

[**Para los pequeños de 8 a 12 meses:** Triturar con un solo giro, sin leche ni agua. Y terminamos la presentación del puré con una espiral de aceite de oliva, que hará que se nos haga la boca agua...

La receta de papá-chef para los mayores de 1 año

Alcachofa hoja a hoja

[**Los días de fiesta, completo la receta** haciendo una segunda alcachofa entera (lavada y el tallo cortado con la mano) en un caldo «blanco» hirviendo: pongo a calentar agua en una cacerola con 15 g de harina y el zumo de un 1/4 de limón y, cuando empiece a hervir, cuezo en él la alcachofa, durante 20 min. Mientras tanto, preparo el puré de la primera alcachofa en el babycook. Cuando la alcachofa está cocida en su caldo blanco, separo todas las hojas alrededor del fondo (¡repito: alrededor!). Corto la alcachofa a ras del fondo, recupero las hojas tiernas del corazón y retiro el heno con la cucharilla.

[**Relleno este fondo con el puré de alcachofa,** coloco alrededor una decena de hojas tiernas y añado un chorrito de aceite de nuez por encima... El círculo familiar aplaude, ¡y Alphonse también!

Hortalizas verdes y finas hierbas del huerto, hortalizas del sol, mercado de invierno..., la recolección de papá-chef «¡coge todo lo que pilla!». Y sus recetas potencian cada sabor, uno tras otro, lo que permite a los retoños ir descubriéndolos para identificarlos y reconocerlos, degustarlos para así apreciarlos mejor, incluso en los guisos de temporada, servidos en puré.

Y como las hortalizas frescas contienen tantas vitaminas, minerales y oligoelementos son las primeras, junto a la fruta, en formar parte de los menús del bebé cuando empieza el destete, generalmente, a partir de los 4 meses. Que deben acompañarle a lo largo de su crecimiento.

Porque el organismo no sabe fabricar las vitaminas, los minerales ni los oligoelementos, debe recibir cada día una ración, tan equilibrada como sea posible, a través de la alimentación. Y en esto, el equilibrio nace de la variedad. También de la frescura de los productos y de la brevedad en la cocción, pues una buena parte de las vitaminas (C y B9 en especial) se pierde en las 24 horas siguientes a la recolección y otra se disuelve en el agua o el jugo de cocción, que no siempre es aconsejable consumir, debido a un posible exceso de nitratos residuales: es el caso de las zanahorias, si no son «biológicas» o de huerto, y, sobre todo, de las espinacas...

Así pues, las hortalizas frescas han de escogerse muy frescas, muy tiernas, tersas y de color vivo (o en su defecto, congeladas); con la marca «certificado de agricultura ecológica» si es posible. Hay que lavarlas con cuidado (para eliminar posibles restos de pesticida), pero sin dejarlas en remojo, y consumirlas en el plazo más corto posible.

Las hortalizas denominadas verdes (¡pero que pueden ser rojas, como el tomate!) poseen en común su contenido en agua y fibras, suaves en el caso del espárrago, el puerro, etc., más fuertes en el de las espinacas... También su profusión de sales minerales (potasio y magnesio que refuerzan la acción del calcio), oligoelementos (hierro, cobre...) y vitaminas (¡frágiles!), entre las que se encuentran los carotenos, en especial, en las verduras del color del sol (pimiento, calabaza...) Y ausencia de proteínas, o muy pocas. Sin grasa, ni calorías, excepto el aguacate. Pocos glúcidos, salvo la alcachofa, la remolacha, los guisantes, el salsifí...

Las finas hierbas (perejil, perifollo, albahaca, estragón, cebollino) añaden una fuente fresca de calcio y vitamina K.

Las aromáticas (tomillo y serpol, laurel, romero, ajedrea y salvia...) y **las especias suaves** (nuez moscada, clavo de olor, curry...) se utilizan en cantidades mínimas para realzar el sabor de un plato.

El ajo y la cebolla son insustituibles tanto en cocina como en nutrición por la riqueza de su sabor y el conjunto de sus nutrientes.

En invierno, las legumbres aportan proteínas vegetales y glúcidos en densidad comparable a la de las pastas o el arroz. También vitamina B, sales minerales y fibras.

En cuanto a la patata, ella sola reúne las cualidades de un huerto entero...

31

La cosecha del hortelano

32

El consejo de mamá:

A los «aprendices de gourmet», habrá que servirles el puré con un huevo revuelto, sobre el que pondremos una hojita de cilantro (en el último momento)..., y observar su reacción.

La cosecha del hortelano

Desde los **6** meses en adelante

Puré de guisantes con su vaina

Primavera

[**20** min

Utensilios necesarios

Tabla de cortar
Cuchillito de punta fina
Bol
«Chino»

Compra para un un bebé de 6 meses...

10 vainas de guisantes de la «huerta»
1 cucharada sopera de leche de continuación

... y para un niño de 1 año

[**en el mercado** 15 vainas de guisantes de la «huerta»
1/2 cebolla nueva

[**en el súper** 1 nuez de mantequilla semisalada
1 picatoste de pan (o 2)

Cosas buenas de esta receta

Esos guisantes tiernos y dulces que gustan tanto y tan rápido..., afortunadamente, pues son ricos en glúcidos (energía), proteínas (construcción del organismo) y fibras (tránsito intestinal). Frescos (bios) o congelados, se pueden dar en puré clarito desde los 4 meses; en puré espeso, desde los 6-8 meses. Pero nada de guisantes enteros antes de los 3 años, para evitar cualquier riesgo de que se «vayan por otro lado».

La receta paso a paso

[**Para los peques de 6 a 12 meses:** Lavar las vainas. Desgranar la mitad, dejando las demás tal cual. Poner juntos, en el cestillo de vapor, los guisantes con vaina y los pelados. Dejar cocer 15 min (nivel de agua 3). Recuperar el caldo de cocción en un bol. Trasvasar los guisantes cocidos al vaso de la batidora. Triturar hasta obtener una consistencia lisa (2 giros de motor), añadiendo la leche entre uno y otro.

[**Para los mayores, de 1 año en adelante:** Preparar los guisantes como anteriormente, dejando 3 ó 4 granos crudos aparte por si se tiene tiempo de decorar el plato... Pelar la cebolla, cortarla por la mitad, y picar uno de los trozos que añadiremos al cestillo de vapor. Una vez las verduras estén cocidas, recuperar el caldo de cocción en un bol y trasvasarlas a la batidora. Dar dos giros de motor para obtener una consistencia lisa, añadiendo un poco de caldo de cocción entre ambas. Si deseamos que el puré quede más fino, como una crema, triturar una tercera vez y añadir caldo de cocción hasta conseguir una consistencia fluida y homogénea. Pasar por el «chino» para que la crema quede bien lisa y ponerla durante 10 min en la nevera para que conserve su hermoso color verde...

El consejo de papá-chef:

Como decoración del puré para los mayores, cortar 1 currusco fino, en bisel, en un pan sentado, pasado por la tostadora, y untarlo con la mantequilla. Pelar 3 ó 4 guisantes de los que hemos guardado crudos, luego cortarlos en 4 trozos (¡sí, sí!). Desmenuzar el picatoste y colocar estos «barquitos» en el borde del plato.

Para los días de mercado

12 meses en adelante

Crema de primavera

33

[**Puede preparar esta crema saludable** añadiendo a 50 g de guisantes frescos pelados el mismo peso en zanahoria de rama nueva, en judías verdes frescas extrafinas y en habas de Murcia. Pasar todo por el agua, mondar los guisantes y las habas (retirando también la primera piel, como figura en la receta del puré de habitas), quitar los extremos de las judías verdes, pelar la zanahoria y cortarla en rodajas finas.

[Cocerlo todo 15 min (nivel de agua 3) al vapor, desechar el caldo de cocción y poner las verduras en la batidora. Triturarlas 3 veces, añadiendo cada vez un poco de agua ligeramente mineralizada, para obtener una crema fluida. Rectificar de sal si fuera necesario (y, después, con una pizca de pimienta blanca).

[Echar en el plato y colocar en el centro una nuez de mantequilla que se fundirá en una aureola...

La opinión de papá-chef:
Los días importantes corono el plato con 3 o 4 cabecitas de brécol cocidas «a la inglesa» (sumergidas 20 segundos en agua salada hirviendo), tiernas y crujientes...

Desde los **6** meses en adelante

Puré de brécol

[**10 a 15** min

Los utensilios necesarios

Tabla de cortar
Cuchillo pequeño de punta fina
Varillas
Bol

Cosas buenas de esta receta

¡El brécol, rey de la vitamina C! Bien dotado también en provitaminas A. Ligero y digestivo, recomendado a partir de los 4 meses. Para los pequeños, junto a la patata constituye un buen complemento por los azúcares lentos que proporciona. Para los mayores, la unión con las espinacas tiene múltiples cualidades: vitaminas A, B9 y K, calcio y fibras. Y además, da un bonito color al caldo...

Compra para un un bebé de 6 meses...

1/2 brécol
1 patata charlotte pequeña
1 cucharada sopera de leche de continuación

... y para un niño de 1 año

[**en el mercado** 1/2 brécol
1/2 cebolla nueva
3 ó 4 hojas de espinacas

[**en el súper** 1 chorrito de aceite de oliva
1 cucharada sopera de nata líquida
1 pizca de sal (para los mayores)

La receta paso a paso

[**Para los bebés de 6-12 meses:** Lavar el medio brécol bajo el chorro de agua. Cortar 2 o 3 ramitos con 2 cm de tallo, que pondremos a cocer 5 min en el cestillo de vapor (nivel de agua 1). Tirar el caldo de cocción. Trasvasar los ramos a la batidora y dar 1 giro de motor. Añadir la leche. Batir una segunda vez. Este puré se come con cucharilla. Para darlo con biberón, hay que «diluirlo» con un poco de agua ligeramente mineralizada y triturarlo una vez más.

[**Para los mayores de 1 año :** Preparar 3 ó 4 ramos de brécol como anteriormente. Retirar la primera piel de la cebolla, cortarla por la mitad y «picar» media. Poner a cocer 5 min en el cestillo de vapor (nivel de agua 1). Mientras tanto, dar variar aguas a las espinacas y retirar los tallos con la mano. Tirar el caldo de cocción. Trasvasar el contenido del cestillo a la batidora. Añadir las espinacas y un chorrito de aceite de oliva. Batir una vez. Añadir un poco de agua ligeramente mineralizada y batir de nuevo para obtener una crema untuosa. Batir un poco la nata con varillas en un bol. Echar la crema en el plato, colocar una «nube» de nata montada en el centro, y observar el efecto...

6 meses en adelante

Puré de judías verdes con serpol

[15 min

Utensilios necesarios

Tabla de cortar
Pelador
Cuchillo pequeño de punta fina
Bol

Cosas buenas de esta receta

La generosidad de la judía verde en minerales (potasio, magnesio, calcio, azufre, hierro...), vitaminas (C, A, y B9 o ácido fólico...) y fibras suaves, que va de la mano con lo ligera que es para el sistema digestivo, incluso para el de los más pequeños.

Y el serpol..., que trae a nuestra memoria los aromas de la Alcarria de Cela.

Compra para un bebé de 6 meses...

[**en el mercado** 40 g de judías verdes extrafinas
1/2 patata BF15
1 ramita de serpol (tomillo silvestre)

... y para un niño de 1 año

[**en el mercado** 80 g de judías verdes extrafinas
1/4 de cebolla nueva
1/2 patata BF15
1 ramita de serpol

[**en el súper** 1 chorrito de aceite de oliva

El consejo de papá-chef:

En los menús de los «mayores», podemos incluirlo como guarnición a un plato de jamón, aves o pescado. Solo o con otro puré para añadirle sabor y color.

La receta paso a paso

Para los pequeños de 6 a 12 meses

[Lavar las judías verdes y quitar las puntas. Lavar la patata, pelarla con el pelador y lavarla de nuevo antes de cortar la mitad en trozos. Lavar el serpol. Colocarlo todo en el cestillo de vapor y cocer 10 min (nivel de agua 2).

[Recuperar el caldo de cocción en un bol. Trasvasar el contenido del cestillo a la batidora. Dar dos giros de motor echando un poco de caldo de cocción entre uno y otro, a fin de obtener la consistencia deseada...

Para los mayores de 1 año en adelante

[Antes de la cocción, agregar a las verduras el cuarto de cebolla nueva al que habremos quitado la primera piel y luego picado finamente.

[Añadir a la batidora, antes de triturar, un chorrito de aceite de oliva para reforzar así el sabor del puré de judías verdes, como complemento del aroma del serpol...

La opinión de papá-chef:

Reservo 2 puntas de espárragos que rallo en crudo, con la «mandolina», como decoración sobre la crema antes de servirla. Esto permite al bebé descubrir el sabor del espárrago en sus dos texturas, cocida y cruda, en caliente y en frío.

10 meses en adelante

Fina crema de espárragos verdes

[20 min

Los utensilios necesarios

Tabla de cortar
Cuchillo pequeño de punta fina
«Mandolina»
«Chino»
Bol

Compra para un niño de 1 año

[**en el mercado** 1 docena de espárragos verdes pequeños
1/2 cebolla nueva
3 hojas de espinacas

[**en el súper** 1 pizca de sal
1 chorrito de aceite de oliva
... y unos hielos

La receta paso a paso

[Retirar con la mano los rabos de las espinacas; lavar sus hojas dándoles varias aguas, y reservarlas. Quitar la primera capa de la cebolla, partirla en dos trozos y picar una de las mitades que vayamos a utilizar, reservándola también. Lavar con cuidado, uno a uno, los espárragos del manojo; cortar y desechar su base (2 cm) terrosa y demasiado dura. Quitar con cuchillo los foliolos. Picar los espárragos con el cuchillo y ponerlos a cocer con la media cebolla durante 15 min en el cesto de vapor (nivel de agua 3). Echar en un bol el jugo de cocción.

[Trasvasar a la batidora los espárragos más las hojas de espinacas crudas.

[Triturar añadiendo un poco del caldo de cocción entre cada giro de motor, en función del resultado deseado: 1 giro para un puré con algunos trocitos, 2 para obtener una consistencia más homogénea y 3 para una crema que quedará perfecta si la pasamos por el «chino». Catar y salar si es preciso.

[Montar en el plato y decorar con un chorrito de aceite de oliva.

La abuela opina:

que es una receta muy refrescante para los días calurosos del verano.

Cosas buenas de esta receta

Una crema muy suave, sencilla y de sabor delicado, en la que las espinacas realzan el color y el sabor.

Una receta fresca que exige verduras del día, desde mediados de febrero a mediados de junio, para los espárragos verdes.

Una receta también muy dietética: el espárrago es algo más que ese placer, ya apreciado por los egipcios, que se servía en la mesa de los reyes. Es un tesoro de vitaminas y minerales; de vitamina B y potasio, sobre todo. Tiene así mismo abundante fibra suave que facilita el tránsito intestinal; sin citar la ya mencionada acción diurética que todos conocemos.

Mamá dice:

Cuando Alphonse era pequeño, no añadía las espinacas crudas y, en vez del jugo de cocción, ponía leche de continuación para aligerar la crema, de forma que pudiera beberla en el biberón.

El consejo de papá-chef:
Para disfrutar de una crema parmentier, añadiremos lo blanco de un puerro tierno (20 g) a la cocción, que trituraremos luego con jugo de cocción y una nuez de mantequilla (pero sin perejil ni leche). Para una vichyssoise, habrá que agregar a la parmentier el perejil fresco, antes de triturar, y servir frío...

38

La cosecha del hortelano
Las verduras de mi huerta
En cualquier estación del año

6 meses en adelante

Patata aplastada y montada con aceite

[20 min

Utensilios necesarios

Pelador
Cuchillo pequeño de punta fina
Tenedor (eventualmente)

Compra para un bebé de 6 meses...

[en el mercado
1 patata grande agria o charlotte
3 ramas de perejil plano

[en el súper
2 cucharadas soperas de leche de continuación
1 avellana de mantequilla

... y para un niño de 1 año

1 segunda patata agria o charlotte

1 cucharada sopera de aceite de oliva (en lugar de la leche de continuación)
1 pizca de sal (para los mayorcitos)

Cosas buenas de esta receta

¡Qué cantidad de tesoros acumula la patata! A su riqueza en glúcidos, que aventaja con creces a las demás hortalizas, hay que añadir su gama de minerales y oligoelementos, y su contenido en vitamina C; ¡Bien por la patata!

Las virtudes discretas del perejil: calcio y vitaminas (K, C y carotenos). El alto contenido del aceite de oliva en ácidos grasos esenciales. Y, para terminar, este básico que es el puerro: minerales y carotenos, fibras suaves y acción diurética.

La receta paso a paso

[**Para los bebés de 6 a 12 meses:** Pasar por el agua la patata, pelarla con el pelador, lavarla y luego cortarla en dados gruesos que pondremos a cocer 15 min en el cesto de vapor (nivel de agua 3). Mientras tanto, lavar el perejil, escurrirlo y deshojarlo. Tirar el jugo de cocción. Trasvasar la patata a la batidora, dar un giro de motor. Añadir las hojas de perejil, la leche, la mantequilla, y dar un segundo giro de motor para obtener el puré de la casa.

[**Para los mayores de 1 año en adelante :** Preparar, cocer las patatas y tirar el jugo de cocción como anteriormente. Preparar el perejil de la misma forma y luego picar sus hojas con la mano. A continuación, procederemos a aplastar con el tenedor la patata en un plato añadiéndole el aceite de oliva y el perejil. Probar, sazonar una pizca si hace falta, y someter a la opinión del joven gastrónomo.

El consejo de papá-chef:
Si se añade un poco menos de jugo de cocción y de leche de crecimiento, obtendremos un puré de coliflor con una consistencia que se adaptará perfectamente al gusto de nuestro pequeño comensal.

La cosecha del hortelano
Las verduras de mi huerta
Otoño

12 meses en adelante

Coliflor en todos sus estados

[**20** min

Utensilios necesarios
Barreño
Cuchillito de punta fina
2 cacerolas pequeñas
Espumadera
Bol
Cucharada sopera

Compra para un niño de 1 año

[**en el mercado** 1 coliflor bien tierna

[**en el súper** 3 ó 4 cucharadas soperas de leche de crecimiento (o de leche de continuación para los más pequeños)
1 punta de cuchillo de curry (facultativo)
Unas gotas de vinagre blanco

Cosas buenas de esta receta

El juego de descubrir la coliflor bajo su forma cocida y (casi) cruda. Una verdura que está diciendo «cómeme» por su concentración en vitamina C y en micronutrientes protectores, sin contar con su densidad en fibras suaves... Tiene bien merecido que a todos nos guste por su suavidad.

La receta paso a paso

[Lavar la coliflor bajo el chorro del grifo, dejándola en remojo unos minutos en agua de vinagre. Cortar los ramos grandes en dos, dejando sólo 2 cm de tallo. Colocar en el cesto de vapor 3 ó 4 y cocerlos durante 15 min (nivel de agua 3).

[Mientras tanto, poner a cocer agua en una cacerola para sumergir 30 segundos, «a la inglesa», 3 ó 4 ramitos pequeños de coliflor sacándolos luego con la espumadera. Poner a calentar, en la segunda cacerola, 3 ó 4 cucharadas soperas de leche en función de la consistencia deseada para la crema.

[**Una vez terminada la cocción al vapor,** recuperar el jugo en un bol. Trasvasar los ramos de coliflor cocidos a la batidora. Añadir una minúscula punta de curry. Triturar (1 giro de motor). Incorporar 2 cucharadas soperas de jugo de cocción en la leche caliente. Echar en la batidora. Dar un segundo giro de motor.

[**Servir la crema de color «crema»** en un plato hondo, colocar encima las cabecitas crujientes muy blancas.

[¡Y admirad juntos la sutilidad del degradado!

El consejo de papá-chef:

En las tardes de verano, sirvo a mis amigos el mismo gazpacho, esta vez con una guarnición más variada (tomate, pepino, pimiento y cebolla, picado muy fino), y envuelvo los picatostes en lonchitas finas de jamón ibérico...

La cosecha del hortelano
La huerta mediterránea
Primavera-verano

8 meses en adelante

Gazpacho andaluz...

[20 min

Utensilios necesarios

Tabla de cortar
Cuchillo pequeño con buena punta
Pelador
Peso
«Chino»

Compra para un niño de 1 año

[**en el mercado** 1/4 de pepino pequeño
1 tomate grande
1/4 de cebolla blanca
10 g de pimiento rojo
3 ramas de albahaca
1 penca de apio
1 diente de ajo nuevo

[**en el súper** 1 cucharadita de café de concentrado de tomate
1 chorrito de vinagre de Jerez y...
2 cucharadas soperas de hielo picado

Cosas buenas de esta receta

Una receta refrescante y que repone los jugos (abundante en agua), aunque con una buena densidad nutritiva, ya que el pepino, el tomate y el pimiento son unas estupendas fuentes de minerales, de oligoelementos y de vitaminas (C y A, en particular). Una receta ligera y de sabor fino, realzado por el aroma del apio y el perfume del vinagre de Jerez (que se logra por las barricas de roble en donde envejece durante años)...

La receta paso a paso

[**Deshojar las ramas de albahaca.** Pasar por el chorro de agua las hojas de albahaca, el pepino, el tomate, el apio y el pimiento. Pelar el pepino y cortarlo en cuatro trozos. Retirar el pedúnculo del tomate y luego los hilos de la penca de apio (de la base hacia arriba). Cortar el pimiento por la mitad, vaciarlo de las semillas, y sacar la tira de 10 g que vamos a utilizar. Cortar en trocitos la hoja de albahaca, el 1/4 de pepino, el tomate, la penca de apio y la tira de pimiento. Pelar la cebolla de la que haremos 1/4 en trozos finos, lo mismo que con el diente de ajo. Ponerlo todo (en las cantidades previstas) en la batidora. Añadir el concentrado de tomate para darle color y el hielo picado para refrescarlo. Triturar bien (3 giros de motor) para obtener una consistencia homogénea.

[**Si todavía quedaran restos de trozos que se resisten,** se pueden eliminar pasando el gazpacho por el «chino». Añadir una punta de vinagre de Jerez para eliminar una posible acidez y potenciar el auténtico sabor del gazpacho.

[**Servir frío,** por supuesto, en cuenco, vaso o tazón, con unos trocitos de pan por encima.

Y los días de fiesta

... con pesto

[**¡Muy fácil, delicioso, perfumado y se hace en 5 min!** Deshojar 3 ramas de albahaca y lavar las hojas bajo el chorro del grifo. Ponerlas con 10 g de parmesano Regiano, 1 cucharada sopera de piñones y una pizca de sal (para que la albahaca se quede bien verde) en la batidora. Dar 3 giros de motor añadiendo un poco de aceite de oliva entre vuelta y vuelta (4 cucharadas soperas en total), para ligar los ingredientes entre sí.

[¡Qué más se puede pedir! No hay nada mejor para acompañar la pasta.

El consejo de papá-chef:

En pleno verano, ofrezco a mis invitados unas fresitas del bosque con las bolitas de melón, puestas sobre la sopa en la cáscara del melón, colocado sobre un lecho de hielo picado.

La cosecha del hortelano

La huerta mediterránea

Primavera-verano

8 meses en adelante

Sopa y bolitas de melón

[**5 min**

Utensilios necesarios

Tijeras
Cuchillo pequeño
Cucharilla de café
Cucharita «parisién»

Compra para un niño de 1 año

[**en el mercado** 1 melón de secano pequeño bien maduro
2 hojas de menta fresca

La receta paso a paso

[Pasar bajo el chorro de agua el melón y partirlo por la mitad; quitar las pipas con la cucharilla. Pasar por un hilillo de agua las hojas de menta y cortarlas con las tijeras.

[Partir una mitad del melón de nuevo en dos trozos de los que utilizaremos sólo uno. Pelarlo, cortarlo en trocitos que pondremos en la batidora. Dar 2 giros de motor, añadiendo un poco de agua ligeramente mineralizada entre uno y otro (1 cucharada sopera colmada), para obtener una sopa ligera. Con la pulpa de la segunda mitad, «fabricaremos» unas bolitas con la cucharilla parisién.

[Echar la sopa de melón en el «cuenco» de esta segunda mitad. Añadir las bolitas y luego la menta.

[Sírvase «en bandeja»...

Cosas buenas de esta receta

Refrescante en verano, calma la sed por su sabor ligeramente azucarado y gusta desde el biberón. La menta es estupenda para la digestión (o en caso de dolor de cabeza) y aporta sus vitaminas (A y B). El melón es un buen reconstituyente; con su retahíla de vitaminas, dominadas por la C, rivaliza con el kiwi.

La opinión de mamá:

Sin la menta, podemos dar esta sopa de melón en biberón a partir de los 6 meses, cuando vuestro bebé necesite de una mayor hidratación.

Consejo de papá-chef:

Utilizar el resto de las verduras para los «mayores». La media berenjena en una ratatouille, ¿y los tres cuartos restantes de pimientos? En pimientos fritos o asados...

La cosecha del hortelano
La huerta mediterránea
Primavera-verano

12 meses en adelante

Caviar de berenjena

[25 min

Utensilios necesarios

Tijeras
Bol
Tabla de cortar
Cuchillito con punta fina

Compra para un niño de 1 año

[en el mercado 1/2 berenjena pequeña
1/4 de pimiento rojo dulce
1/4 de pimiento verde dulce
3 ó 4 hojas de albahaca

[en el súper 1 cucharadita de aceite de oliva

Cosas buenas de esta receta

Su sabor mediterráneo. El aroma de la albahaca. El bouquet del aceite de oliva (fuente de vitamina E y de ácidos grasos esenciales). El arco iris de color de las verduras al comprarlas y prepararlas: el violeta reluciente de la berenjena, rica en fibras y en potasio; el rojo y el verde brillantes de los pimientos, ricos en vitaminas A y C...

La receta paso a paso

[Lavar las hojas de albahaca bajo el chorro de agua, cortarlas con tijera en trocitos menudos y reservarlas en un bol. Lavar los 2 pimientos, cortar los rabos, retirar las pepitas y partirlos en cuatro trozos. Cortar 1 de los cuartos rojos y 1 de los cuartos verdes en «brunoise», dados muy pequeños. Lavar la berenjena, cortar sus extremos, y pelarla y abrirla luego por la mitad. Cortar en trozos la pulpa de la media berenjena que vayamos a utilizar. Poner los dados de los pimientos rojo y verde junto con los trozos de berenjena en el cesto de vapor para cocerlo todo durante 15 min (nivel de agua 3). Desechar el jugo de cocción.

[Trasvasar los dados de pimiento y la pulpa de berenjena a la batidora, dar 1 giro de motor. Mezclar con la albahaca picada y el aceite de oliva.

[¡Ya podéis servir al pinche..., que se lo ha pasado bomba con todas las verduras y ha seguido sus aventuras embelesado!

La opinión de mamá:

También se puede servir la mousse de aguacate al estilo «guacamole», como aperitivo, en las reuniones familiares o con los amigos, untada en cuadraditos o rectángulos de pan de molde.

La cosecha del hortelano
La huerta mediterránea
En cualquier estación del año

15 meses para el aguacate
2 ó 3 años para las gambas

44

Espuma de aguacate «de la casa»

[**10 min**

Utensilios necesarios

Tabla de cortar
Cuchillo pequeño de punta fina
Tijeras
Cucharilla de café

Compra para un niño de 15 meses

[**en el mercado** 1/2 aguacate
1/2 limón
2 ó 3 hojas de albahaca, o de cilantro

[**en la pescadería (también puede ser congelado)**
Para los mayores (2-3 años): 2 ó 3 buenas gambas (cocidas)

[**en el súper** 1 chorrito de aceite de oliva

La receta paso a paso

[Lavar las hojas de albahaca (o de cilantro) bajo el chorro de agua. Picarlas con tijeras. Cortar el limón por la mitad. Y, para evitar que la carne del aguacate se ponga negra, no lavar el cuchillo y pasar también la cucharilla por la pulpa del limón.

[Con el cuchillo, cortar el aguacate por la mitad. Con la cucharilla, retirar la carne de la mitad que vayamos a dar al bebé, guardando el molde de la cáscara. Poner la carne en la batidora. Añadir 2 gotas de limón (y 2 gotas nada más), un hilillo de aceite de oliva y las hierbas. Triturar: 2 giros de motor si queremos que queden algunos trocitos de aguacate en la *mousse* y así despertar la curiosidad del niño; en caso contrario, 3 giros para que quede homogénea tipo «guacamole» y sin olvidar remover con la espátula entre cada giro.

[**Para los mayores de 2 años, se pueden añadir las gambas** peladas y en trocitos (cortadas con la mano o trituradas una sola vez).

[Y ya se puede colocar todo en el cuenco del aguacate, coronándolo con una hoja de albahaca (o de cilantro) como decoración.

El consejo de
papá-chef:

El cilantro suaviza la textura del aguacate. Cuando el niño crezca, aumentar la cantidad de limón y disminuir el número de giros de motor para que se igualen los trozos de aguacate a los de las gambas que vayais a echar. Las gambas, no hay que decirlo, bien frescas (el caparazón brillante y firme, la cola recogida)..., y si no, entonces congeladas.

Cosas buenas de esta receta

El aguacate posee un gusto muy delicado y es un cóctel precioso de ácidos grasos esenciales (para el cerebro, el sistema nervioso, la retina), y de vitamina E, protectora de los ácidos grasos... Pero hay que esperar que el sistema digestivo pueda asimilar su riqueza en lípidos: por lo menos hasta que hayan cumplido un año.

Las gambas son una fuente de proteínas y de sales minerales muy revitalizante pero, a causa de posibles riesgos de alergia, se recomienda esperar todavía un poco más: a los 2 ó 3 años.

La abuelita dice:

Las patatas grenailles se deben cocer con piel para que no pierdan su sabor característico ni sus vitaminas.

8 meses en adelante

Puré de verduras de primavera...

[25 min

Utensilios necesarios

Tabla de cortar
Cuchillo pelador
Tijeras
Cuchillo pequeño con buena punta

Compra para un bebé de 8 meses

[**en el mercado** 4 vainas de guisantes frescos
1 zanahoria de «manojo»
1 nabo de «rama»
1 cebolla nueva
1 mini-hinojo de «rama»
1 alcachofa
10 vainas de habitas recién cogidas
2 patatas *grenailles*
4 ramas de perejil plano

[**en el súper** 1 chorrito de aceite de oliva
1 nuez de mantequilla (eventualmente)
Unos granos de flor de sal
1/4 de vuelta de molinillo de pimienta blanca

La receta paso a paso

[**Pasar las verduras por el chorro de agua antes de pelarlas una tras otra,** la cebolla incluida, y luego lavarlas todas con cuidado. Las vamos a dejar enteras si son pequeñas, si no, cortarlas en 2 ó 3 trozos. Los guisantes hay que pelarlos. Las habitas también, abriendo seguidamente con la uña la piel que tienen bajo la vaina, y cogiéndola con los dedos para sacar las habitas (que cortaremos por la mitad). La alcachofa se prepara en último lugar. Cortar el tallo a 2 ó 3 cm de las hojas, y pelar con la punta del cuchillo la parte que queda. De la misma alcachofa, retirar con la mano las primeras hojas de su base y luego cortar la cabeza dejando un tercio. Colocar todas las verduras (sin contar el perejil) en el cesto de vapor para cocerlas durante 1/4 de hora largo (nivel de agua 3).

[Mientras tanto, lavar el perejil, «cortarlo» con tijeras y reservarlo.

[**¿Ya está todo cocido?** Echar el jugo de cocción en un bol, y trasvasar el contenido del cesto a la batidora. Triturar al menos con 3 giros de motor para obtener un puré uniforme, añadiendo un poco de jugo de cocción entre giro y giro.

[**Colocar el puré de primavera en el plato.** Echar por encima una pizca de aceite de oliva, esparcir unos granos de flor de sal y del perejil picado.

... y de verano

[**Al puré de primavera, añadiremos** 1calabacín flor, 2 rábanos redondos rojos, 2 espárragos verdes pequeños y 10 judías verdes extrafinas.

[**La flor amarilla del calabacín la usaremos para decorar** el plato al final. Separarla y cortarla con cuchillo, por ejemplo, en forma de «cresta de dragón», que después trocearemos con nuestro espectador espontáneo...

[Pasar las verduras bajo el agua, pelarlas; quitar los «rabos» a las judías verdes; cortar la punta terrosa de los espárragos y retirar sus foliolos; cortar con cuchillo los extremos del calabacín y abrirlo por la mitad en sentido longitudinal.

[Añadirlo a las verduras del puré de primavera para su cocción, triturado y disposición en el plato. Y terminar ahora con la flor del calabacín cortada, una decoración original.

Cosas buenas de esta receta

Una ronda de verduritas nuevas, tiernas y frescas que, en verano, son todavía más suculentas. Podemos servirlas en un puré de mil sabores a los más pequeños o en dados multicolores, en una cazuelita, a los mayores. No olvidemos que con ellas se aprovisionan de un montón de minerales y de esas vitaminas tan frágiles...

Consejo de papá-chef:

Cuando ya tengan de 2 a 3 años, servir las verduras según salen cocidas, sin triturarlas, para que vayan aprendiendo sus formas, y valorando sus sabores y colores. Todavía mejor: reducir el jugo de cocción en una cacerola, añadir una nuez de mantequilla y napar con éllas verduras para que queden brillantes, a ser posible en una cazuelilla transparente..., la «cazuela de verano».

Mamá dice:

Cuando hago sopa de calabaza, guardo un trozo para el puré de otoño o de invierno de Alphonse.

8 meses en adelante

Puré de verduras de otoño...

[**30** min

Utensilios necesarios

Ensaladera
Tabla de cortar
Cuchillito de punta fina
Pelador
Cuchara sopera
Bol

Compra para un bebé de 8 meses

[**en el mercado** 1 rodaja pequeña de calabaza (30 g una vez pelada)
1 rama de acelga
1 castaña pequeña (congelada)
1/2 pera de agua o Conferencia
1/2 manzana Golden Delicious
1 patata roseval
1 cebolla nueva
1/2 limón

[**en el súper** 1 chorrito de aceite de oliva
1 nuez de mantequilla
Unos granos de flor de sal
1/4 de vuelta de molinillo de pimienta blanca

La receta paso a paso

[Preparar una ensaladera con agua y un chorrito de limón. Lavar la acelga y separar la penca de la hoja (que guardaremos para una próxima comida). Pelar la penca con el pelador, para retirar bien todos los hilos, y sumergirla luego en la ensaladera de agua de limón. Pasar la patata bajo el chorro de agua y pelarla con el pelador. Retirar la cáscara de la rodaja de calabaza, sus pipas y las hebras. Quitar la primera capa de la cebolla. Lavar la manzana y la pera, pelarlas y cortarlas por la mitad retirando el corazón. Lavar la castaña, hacer una incisión en su cáscara para que se pele más fácilmente y partirla por la mitad. Cortar las verduras y frutas en trozos (debe caber todo en el cestillo de vapor) y poner a cocer durante un buen cuarto de hora (nivel de agua 3).

[Echar el jugo de cocción en un bol. Trasvasar el contenido del cesto a la batidora. Dar 2 giros de motor, añadiendo 2 cucharadas soperas de jugo de cocción para obtener un puré fluido; o sólo 1, con una cucharada de jugo, para un puré más consistente.

[Emplatar. Añadir una nuez de mantequilla y un chorrito de aceite de oliva, mezclar y probar. Si es preciso, aderezar con un poco de flor de sal y una pizca de pimienta blanca.

[**... Y dejar que el niño sople su puré de otoño,** hasta que esté templado...

El consejo de papá-chef:

Guardo la hoja de acelga para confeccionar un salmón al estilo brandada y almorzar al día siguiente. Elijo unas mini-frutas firmes: la pera de agua o Conferencia y la manzana Golden. Y, para Alphonse, cuezo la patata roseval con piel...

... y de invierno

[**Al puré de otoño añadiremos** 1 salsifí, y 5 ó 6 granos de uva negra.

[Lavar cuidadosamente el salsifí bajo el chorro de agua para quitarle la tierra. Pelarlo con el pelador y cortarlo luego en bastones de 4 a 5 cm de largo que pondremos en el agua de limón (con la penca de acelga) para que quede blanco, antes de cocerlo con las demás verduras y frutas.

[Lavar las uvas, dejarles la piel fina y añadirlas crudas en el plato sobre el puré de invierno.

Cosas buenas de esta receta

¡El otoño nos trae los aromas de la huerta! Y a ellos vamos a añadir también los sabores del invierno. Hay que ir al mercado, oler y elegir, guisar y comer al ritmo de las estaciones... con un pequeñajo que se come todo con los ojos...

La opinión de mamá:
A veces, sustituyo el jamón por una cecina suave...

La cosecha del hortelano
Mercado de invierno
Invierno

8-10 meses en adelante

Puré de apio y dados de jamón cocido

50

El consejo de papá-chef:

La salvia realza el sabor del jamón, el conejo y la ternera. Y cuando Alphonse creció, sustituí el jamón cocido por jamón ibérico o una cecina ligeramente ahumada, ambos de sabor más pronunciado. ¡Le encantó!

51

Cosas buenas de esta receta

La correspondencia entre sabores y aromas: la salvia potencia la suavidad del jamón cocido, éste matiza el ligero amargor del apio... Y un buen lote de proteínas: proteínas del jamón, proteínas vegetales de las verduras, que también aportan sus minerales, vitaminas y fibras...

[**25** min

Utensilios necesarios

Tabla de cortar
Cuchillito de punta fina
Pelador

Compra para un niño de 1 año

[**en el mercado** 1/4 de apio nabo (80 g)
1 patata charlotte o agria grande
1/2 zanahoria
1 puñadito de judías verdes extrafinas
1 hojita de salvia

[**en la carnicería** 1 loncha (40 g) de jamón cocido

[**en el súper** 1 cucharada sopera de leche de crecimiento (o de leche de continuación para los 8-12 meses)
1 pizca de aceite de oliva
1 mini-pizca de sal

La receta paso a paso

[Pasar todas las verduras por el chorro de agua, antes de quitar los «rabos» a las judías verdes y de pelar con el pelador la patata, la zanahoria y el apio nabo. Lavar todas las verduras, cortarlas luego en trozos de igual tamaño que pondremos en el cesto de vapor para cocerlas durante 15 min (nivel de agua 3). Tirar el jugo de cocción. Trasvasar las verduras cocidas a la batidora. Añadir la leche y la hoja de salvia. Triturar para obtener un puré (3 giros de botón).

[Durante la cocción, desgrasar la loncha de jamón y cortarla en dados pequeños.

[Emplatar el puré, salar una pizca (sólo en el caso de los mayores) y añadir por encima un chorrito de aceite de oliva. Coronarlo todo con los dados de jamón.

[¡Para quitarse el sombrero!

La abuelita dice:

Es el «plato preferido de Alphonse» cuando hago endibias con jamón para todos.

La cosecha del hortelano
Mercado de invierno
Otoño-invierno

12 meses en adelante

Nube y plumas de endibia

[25 min

Utensilios necesarios

Tijeras
Tabla de cortar
Cuchillito de punta fina

Compra para un niño de 1 año

[**en el mercado** 2 endibias
1 rama de perejil plano
Unas gotas de limón

[**en el súper** 2 cucharadas soperas de aceite de oliva
1 cucharada sopera de vinagre balsámico
1/4 de vuelta de molino de pimienta blanca
1 pizca de sal

La receta paso a paso

[Comenzaremos por lavar, deshojar y pelar con tijeras el perejil. Luego lavaremos minuciosamente las endibias, retirando con cuchillo el cono blanco (amargo) que tienen en la base del tronco, así como las hojas estropeadas. Reservar de 6 a 7 buenas hojas crudas, redondeando con el cuchillo sus ángulos inferiores para darles la forma de «plumas». Cortar el cogollo de las endibias por la mitad a lo largo. Ponerlas a cocer con unas gotas de limón (para evitar que se ennegrezcan) durante 15 min en el cesto de vapor (nivel de agua 3).

[Mientras tanto, **confeccionar una vinagreta balsámica** poniendo en ella el perejil picado.

[Cuando los cogollos de endibia estén cocidos, tirar el jugo de cocción y trasvasar el contenido del cesto a la batidora. Triturar tan despacio como sea posible (1 giro). Colocar esta «nube» de endibias en el centro de un plato, echar la vinagreta por encima y colocar luego las «plumas» de endibias crudas alrededor, como pétalos de margarita...

[¿Y ahora qué? Ahora, vamos a deshojar la margarita, disfrutando de un bocado crujiente de «pluma» mojada en la vinagreta (y un poco de puré), entre dos cucharadas de «nube»...

Cosas buenas de esta receta

Se trata de una aproximación lúdica a la endibia cruda y cocida: en ambos casos, el sistema digestivo del pequeño tolera bien sus fibras. Una cualidad que hay que añadir a su gran cantidad de agua, minerales y oligoelementos, y a su contenido en ácido fólico (o vitamina B9), prioritario para el desarrollo del sistema nervioso...
Tal cantidad de virtudes merece que esta verdura, a menudo desconocida y rechazada, sea aceptada sin reservas.

La opinión de papá-chef:

Me encanta esta receta porque juega con lo «crudo y lo cocido» de las verduras. Es un auténtico descubrimiento de los sabores del producto «tal cual», sin tocar para nada su esencia original.

La opinión de mamá:
Al sustituir el jugo de cocción por leche de crecimiento, la crema adquiere un gustillo ligeramente dulce que facilita que Alphonse acepte sin dificultad el nuevo sabor.

La cosecha del hortelano
Mercado de invierno
Invierno-primavera

15 meses en adelante

Crema de habitas...

[15 min

Utensilios necesarios
Tabla de cortar
Cuchillito de punta fina
Pelador
Bol
«Chino» (eventualmente)

Compra para un niño de 15 meses

[**en el mercado** 100 g de habitas tiernas
1/2 patata BF15
1/4 de cebolla nueva
1/2 diente de ajo nuevo
1 ramita de ajedrea (eventualmente)

[**en el súper** 1 cucharada sopera de aceite de oliva

Cosas buenas de esta receta

La llamada «habita» en los mercados mediterráneos, es decir, el haba, es la más antigua de las leguminosas conocidas (junto con la lenteja), tal y como atestiguan los restos prehistóricos encontrados. En la Roma antigua servía como ficha para designar al rey del banquete, de ahí su presencia, simbólica hoy en día, en el roscón de Reyes. Enorme fuente de energía, muy rica en glúcidos, fibras y proteínas, tierna y digestiva una vez cocida, sirve ahora de alimento a nuestro hombrecito...

[Pelar las habas: retirar la vaina, abrir luego la piel con la uña y sujetarla con los dedos para extraer las habitas que se partirán, seguidamente, por la mitad. Pasar la patata bajo el agua, pelarla con el pelador y lavarla. Cortar en cubos la mitad que vayamos a usar. Retirar la primera capa de la cebolla y picar finamente un cuarto. Cortar el diente de ajo por la mitad. Colocar las cantidades previstas en el cesto de vapor y cocer durante 10 min (nivel de agua 2).

[Recuperar el jugo de cocción en un bol. Trasvasar el contenido del cesto a la batidora.

[Triturar: 2 giros de motor para un puré, 3 para una crema, añadiendo entre cada giro suficiente jugo de cocción para suavizar la consistencia.

[**Podemos hacer más fina esta receta** si pasamos la crema por un colador de agujeros pequeños (o «chino») para servirla perfectamente lisa, con una espiral de aceite de oliva por encima...

... y puré de habitas

[**Acompaña deliciosamente al cordero y a ciertos pescados** como la merluza, la lubina, el rodaballo e, incluso, el salmonete. Papá-chef procede como con la crema, añadiendo en este caso una chispa de jugo de cocción en la batidora para que tenga una auténtica consistencia de puré. Y antes de que comience la cocción, pone con las habitas, en el cestillo de cocción, una rama de ajedrea...

La abuelita dice:

Cuando preparo lentejas para todos, hago también una receta «especial para el benjamín», que no tiene nada que envidiar.

La cosecha del hortelano

Mercado de invierno

Invierno

3 años en adelante

Crema de lentejas con jamón serrano

56

[5 min la víspera + **20** min

Utensilios necesarios

Ensaladera
Colador
Cacerola
Tabla de cortar
Cuchillito de punta fina
Pelador
Papel sulfurizado
Sartén antiadherente
Papel absorbente
Bol

Compra para un niño de 3 años

[**en el mercado** 60 g de lentejas verdinas
1/2 rama de apio
1/2 zanahoria
1 ramita de tomillo

[**en la carnicería** 1 loncha de jamón serrano (10 g)

[**en el súper** 1 rebanada de pan de molde
1 chorrito de aceite de semillas de uva
1 cucharada sopera de nata fresca espesa
pizquita de sal

El consejo de papá-chef:

¿Y para los picatostes? Tomar una rebanada de pan de molde, quitar la corteza con el cuchillo, cortar la miga en pequeños dados que pasaremos por la sartén (para dorarlos, sin que se quemen) con un chorrito de aceite de semillas de uva y que pondremos seguidamente a escurrir sobre papel absorbente...

Cosas buenas de esta receta

¡Qué buena está la lenteja! Es la legumbre más rica en proteínas después de la soja, es más rica en glúcidos que los cereales (y densa en fibras, digestivas al no tener celulosa), contiene siete veces más hierro que las espinacas..., etc. Hay, pues, buenas razones para que sea conocida desde la Antigüedad, en el Medio Oriente y luego al este de la cuenca mediterránea. Y el tomillo se alía con el jamón serrano para realzar el sabor.

La receta paso a paso

[**La víspera,** preparar las lentejas. Hay que lavarlas cuidadosamente seleccionándolas en la palma de la mano para eliminar eventuales piedrecillas, sobre todo si son a granel, y dejarlas en remojo toda la noche en una ensaladera con agua para que crezcan bien y queden más tiernas.

[**El mismo día,** escurrir las lentejas en el colador, ponerlas en una cacerola de agua fría para «blanquearlas» en el fuego hasta que rompa a hervir. Escurrirlas de nuevo. Abrir la rama de apio a lo largo. Lavar la media rama que se vaya a utilizar y cortarla en trocitos. Lavar la media zanahoria a usar, pelarla, cortarla en trozos. Pasar el tomillo por el agua.

[Tapizar el fondo del cesto de vapor con 2 capas de papel sulfurizado y echar en él las lentejas. Añadir las cantidades previstas de zanahoria, apio, tomillo y jamón serrano. Cocerlo todo durante 15 min (nivel de agua 3). Recuperar el jugo de cocción en un bol. Trasvasar la legumbre a la batidora. Triturar (3 giros) añadiendo jugo de cocción entre cada uno de ellos para que nos quede una crema homogénea. No escatimar con las cantidades de jugo, ya que la consistencia inicial es bastante espesa.

[Echar la crema en un plato hondo. Colocar en el centro la nata líquida y luego, alrededor, los picatostes si queremos hacer una receta más refinada.

[**Servir inmediatamente,** mientras la nata se funde lentamente...

Si pongo un trocito de jamón serrano, es para dar a la receta un sabor «rústico» que realza el plato. ¡A Alphonse le encanta!

Consejo de papá-chef:

El éxito de una socca te lo juegas en la cocción: la pasta debe quedar crujiente por fuera y esponjosa por dentro...

La cosecha del hortelano

Mercado de invierno

En cualquier estación del año

3 años en adelante

Puré de garbanzos al aroma de romero...

[**5** min la víspera + **20** min

Utensilios necesarios

2 boles
Colador
Tabla de cortar
Cuchillito de punta fina
Varillas

Compra para un niño de 3 años

[**en el súper** 80 g de garbanzos
1 cucharada sopera de aceite de oliva

[**en el mercado** 1/4 de cebolla nueva (si es posible)
1 ramita de romero

Cosas buenas de esta receta

Además de todas las cualidades que el garbanzo posee: nutritivo, energético, suministrador de proteínas, glúcidos y fibras, es también una excelente fuente de ácido fólico (o vitamina B9), activo en el desarrollo del sistema nervioso... Sin embargo, el sistema digestivo no acepta bien esta legumbre hasta la edad de 2 ó 3 años. Con el romero, añadimos a la sutilidad del garbanzo un toque mediterráneo, además de explorar sabores llegados de otros mundos: el garbanzo es un embajador de Oriente Medio (cuscús, hummus y falafels); la socca (con harina de garbanzos) es herencia de los turcos transmitida por los italianos a la Provenza...

La receta paso a paso

[La víspera, poner en remojo los garbanzos en un gran bol de agua, dejándolos que se hidraten durante la noche. El mismo día, escurrir los garbanzos en un colador y aclararlos en abundante agua corriente. Quitar la primera capa de la cebolla y picar muy fino un cuarto. Pasar el romero bajo el agua y quitarle las agujas, conservándolas.

[Poner garbanzos, cebolla y agujas de romero en el cesto de vapor para cocerlo todo durante 15 min (nivel de agua 3). Recuperar el jugo de cocción en un bol.

[Trasvasar el contenido del cesto a la batidora. Dar de 2 a 3 giros de motor añadiendo entre uno y otro un poco de jugo de cocción y una chispa de aceite de oliva para obtener una consistencia muy homogénea.

[**¿Qué le ha parecido a nuestro pequeño catador?** En principio, debería saborear lentamente...

... y, para los días de fiesta:

... Socca de Niza

[**Vamos a intentarlo: es muy fácil y ¡está tan buena!** Precalentar el horno a 220 °C (termostato 7). Poner 12 cl de agua a calentar en una cacerola pequeña. Cuando rompa a hervir, echar en lluvia 40 g de harina de garbanzos batiendo enérgicamente para obtener una pasta. Dejar cocer de 3 a 4 min. Cuando se despegue de la cacerola, colocarla en la batidora con un chorrito de aceite de oliva, triturar hasta eliminar cualquier vestigio de grumo (3 giros de motor). Colocarla entonces en un recipiente de tarta y meterla al horno durante 5 min...

Huevos, lácteos y quesos, aves y jamones: la granja es... ¡la gallina de los huevos de oro en proteínas animales!, con un enorme suplemento añadido en todos esos productos cuando responden a criterios de calidad, esenciales tratándose de la alimentación del niño.

El huevo es un producto enormemente rico, un alimento casi perfecto (excepto en glúcidos), en el que la yema gana por la mano a la clara (en calcio y fósforo; hierro y yodo; vitaminas A, D, E y B9; lípidos y calorías). Para degustarlo con todo su sabor y asegurarse de su calidad, conviene comprar huevos «de corral» o procedentes de granjas «biológicas», escogerlos «extrafrescos» con la fecha de embalado escrita en el envase –deben tener menos de 7 días–; una vez en casa, permanecerán frescos durante 2 semanas... Procurar aislarlos de cualquier producto de olor fuerte, pues la cáscara es porosa.

Los lácteos rivalizan en proteínas y calcio, unión que únicamente puede proporcionar la leche entre el abanico de alimentos. **El queso blanco** (incluida la *ricotta* italiana) lo hace codo a codo con **la cuajada** y el **yogur** (leche fermentada). Digestivos, ligeros, pueden darse a partir de 1 año dentro del cálculo de la ración diaria, ese medio litro indispensable para crecer día a día con huesos sólidos y dientes de lobo.

Los quesos son más nutritivos, más densos en todo..., sobre todo en lípidos y calorías. También en minerales, donde el parmesano y el gruyère se revelan los campeones en calcio y fósforo. Y además, en oligoelementos (hierro) y vitaminas (A, D, B2 y B12). Estimulan la digestión y favorecen la flora intestinal. Ya sean de pasta cocida (gruyère, parmesano), de pasta blanda fermentada (camembert), o quesos de cabra. Son preferibles los de «granja», «artesanales», o con «DO» *denominación de origen* (a partir de 1 año).

La mantequilla (cruda) es muy valiosa por su dúo de vitaminas A y D (además de su vitamina E); una «avellana» a partir de 4-6 meses; una cucharada más adelante.

Pero no olvidemos la nata líquida, el más ligero de los cuerpos grasos, con vitamina A y calcio.

Las aves de corral poseen el mismo valor que la carne, pero con menos grasa. Es un buen punto a su favor. Mismo contenido en proteínas, hierro, potasio, vitaminas, y más fósforo. Por esta razón las pechugas de pollo o de pava se aconsejan a partir de 5-6 meses –sin piel. Comprarlas preferentemente en pollerías o carnicerías, dentro de las calidades más altas, como son los pollos de corral con denominación de origen (pollos y capones de Lugo, el Bierzo, etc.). Escoger un ave de piel fina y carne tersa, que será blanca o amarilla dependiendo de que haya sido alimentada con trigo o maíz.

El jamón aporta tantas proteínas, hierro y potasio como las aves, pero más lípidos, glúcidos y calorías. A partir de 5-6 meses, siempre y cuando sea blanco, magro (o sin grasa) y de calidad, «cocido», por ejemplo (cocido en un caldo).

De la granja

La opinión de papá-chef:
Tenemos delante un plato que entra por los ojos y, para colmo, delicioso cuando se sirve frío.

En la granja
Huevos y quesos
Primavera-verano

12 meses en adelante

Caponata - huevo *mollet*

[25 min

Utensilios necesarios
Tabla de cortar
Cuchillito de punta fina
Pelador
Tijeras
Cacerola
Espumadera

Compra para un niño de 1 año

[**en el mercado** 1/2 berenjena
1 tomate pequeño
1 cebolla nueva
1/2 pimiento dulce
1 diente de ajo nuevo
Unas hojas de albahaca y unas ramas de perejil plano
3 puñaditos de piñones
1 huevo extrafresco de corral

[**en la charcutería** 1 loncha de jamón de York sin grasa, muy fina

[**en el súper** 1 chorrito de aceite de oliva
1 pizquita de sal

Cosas buenas de esta receta

Se trata de una receta de aroma sutil..., y un menú completo, totalmente equilibrado. Con las fibras y el potasio de la berenjena; el calcio y la vitamina K del perejil; las vitaminas A y C del pimiento, ese estupendo pimiento dulce (multiplicadas por dos si es rojo); las proteínas de los piñones, el fruto del pino de sabor tan agradable y delicado, excelente para el esfuerzo intelectual; las proteínas y la B1 del jamón de York (sin grasa y rosado), y para terminar, el huevo, alimento prácticamente completo...

La abuelita dice:

Por su juego de colores y formas, resulta muy divertido realizar este plato de verduras. Haced que participe el pequeño: instaladle a vuestro lado... poniéndole un babero de mangas y envolviéndoos, también vosotros/as, en un gran mandil. ¿Que ve cómo se prepara la sorpresa? Estará todavía más impaciente por «descubrirla».

La receta paso a paso

[Lavar las verduras bajo el chorro del agua (aclarándolas varias veces), antes de prepararlas. Cortar el rabo del pimiento, cortarlo en cuatro trozos, retirar el corazón y las pepitas, y hacer trozos pequeños con los dos cuartos que vamos a utilizar. Cortar el tomate en cuatro, pelarlo y hacer también trozos pequeños. Pelar la berenjena con el pelador, partirla por la mitad, hacer 3 ó 4 rodajas en la mitad que vayamos a usar. Quitar la primera capa de la cebolla y cortarla muy fina, lo mismo que el ajo, pero utilizar tan sólo una pizca de cada uno, para realzar el sabor de la caponata, no hace falta más a esta tierna edad. Colocar las cantidades deseadas en el cestillo de vapor para cocer durante 15 min (nivel de agua 3).

[Mientras tanto, lavar las hierbas bajo el chorro de agua y picarlas muy fino con las tijeras, menos una hoja de albahaca que conservaremos para la decoración.

[**Luego, cocemos el huevo *mollet*:** ponemos a cocer agua con sal en una cacerola, cascamos dentro el huevo, esperamos 5 min, y lo sacamos con la espumadera para colocarlo en el centro de la loncha de jamón que plegaremos como si fuera un paquete de regalo.

[Ya tenemos las verduras cocidas. Tirar el jugo de cocción. Trasvasar las verduras a la batidora con las hierbas, los tres puñados de piñones y un hilo de aceite de oliva. Triturar: 1 golpe de motor para obtener una consistencia de «caviar» con algunos trocitos, 2 golpes para que la consistencia sea más ligera. Probar y salar (un poco) en caso necesario.

[**Colocar la caponata en el plato al lado de la loncha de jamón,** escondiendo el huevo *mollet*, y decorada con la hoja de albahaca para jugar con los colores.

[¡La sorpresa está servida!

Consejo de papá-chef:

Si podéis, acercaos al mercado y elegid un buen calabacín recién cogido. Y si utilizo en esta ocasión queso blanco de 0 por 100 de materia grasa, es por que «cuaja mejor».

En la granja
Huevos y quesos
Primavera-verano

12 meses en adelante

Flan de calabacín

[**25 min**

Utensilios necesarios

Tabla de cortar
Pincel
Cuchillito de punta fina
Cucharilla de café
Varillas
Ensaladera pequeña
Flanera
Fuente de gratinar

Compra para un niño de 1 año

[**en el mercado** 1 calabacín (150 g aprox.)

[**lácteos y huevos** 1 huevo «extrafresco» de corral
2 cucharadas soperas de queso blanco, 0 por 100 de materia grasa
1 avellana de mantequilla

La receta paso a paso

[Ante todo, precalentar el horno a 150 °C (termostato 3).

[**Untar luego con mantequilla el molde** (como los cocineros: de abajo a arriba con el pincel, para que el flan suba fácilmente), y ponerlo a enfriar en el frigorífico unos 10 min antes, el tiempo de confeccionar la receta.

[Lavar bien el calabacín bajo el chorro del agua ya que vamos a dejarlo con piel para dar color al plato. Cortarlo en cuatro a lo largo. Si tiene demasiadas pepitas, retirarlas con la cucharilla. Poner a cocer los trozos 5 min en el cesto de vapor (nivel de agua 1). Tirar el jugo de cocción y trasvasar el calabacín a la batidora. Triturar hasta obtener una consistencia homogénea (2 ó 3 giros de motor). Dejarlo luego reposar para que se entibie.

[Mientras tanto, batir el huevo en la ensaladera; añadir el queso blanco, la avellana de mantequilla y, luego, el calabacín una vez tibio. Trasvasar a la flanera hasta media altura. Reducir la temperatura del horno a 120 °C (termostato 2). Poner un poco de agua en la fuente de gratinar, poner dentro la flanera y meter en el horno para que cueza el flan al baño maría de 15 a 20 min.

[**Verificar que la cocción está en su punto** introduciendo una aguja o la punta del cuchillo en la preparación: si sale sin manchar es que está listo para degustar.

Mamá dice:

De hecho, ésta es la receta «especial de Alphonse» de un flan de calabacines para una familia de glotones...

Cosas buenas de esta receta

Una receta ligera y completa, digestiva y refrescante, que se deshace en la lengua y es suave al paladar. El calcio del queso blanco forma un magnífico dúo con el fósforo del huevo para construir unos buenos huesos y una bonita dentadura. La densidad en minerales y la gama de vitaminas del calabacín son óptimos para estar en buena forma.

65

12 meses en adelante

Crema de espinacas

[**10 min**

Utensilios necesarios
Tabla de cortar
Cuchillito de punta fina

Compra para un niño de 1 año

[**en el mercado** 200 g de espinacas frescas

[**en el súper** 1 cucharada sopera de nata líquida
y..., para los mayores: 1 mini-pizca de sal

Cosas buenas de esta receta

La espinaca es la verdura fresca más sana. Con su gran cantidad de sales minerales y vitaminas, además de su riqueza en fibras sobradamente conocida y su fuerza en hierro, famosa desde Popeye... Si no se aconseja antes de cumplir los 12 meses es por su contenido en nitratos, que puede ser muy elevado cuando no procede de huerto o de una agricultura biológica. Escojámosla joven, con las hojas frescas, tiernas, lustrosas, de un verde profundo. Tener en cuenta que se deshace al cocer.

La receta paso a paso

[«Quitar los rabos» de las espinacas y lavarlas en abundante agua. Colocarlas en el cesto de vapor para cocerlas 5 min (nivel de agua 1). Tirar el jugo de cocción.

[Trasvasar las espinacas a la batidora. Añadir 1 cucharada sopera (aprox.) de agua poco mineralizada y triturar una primera vez (un giro de botón). Añadir la nata y triturar una segunda vez.

[Se obtiene una crema untuosa que se puede servir tal cual (salar ligeramente si es preciso), o con un huevo pasado por agua, al plato o revuelto...

Días de fiesta,

con unos Ñoqui de *ricotta*...

[Cortar en trozos 250 g de *ricotta* (de leche de cabra o de oveja), ponerlos en la batidora con 35 g de harina, 1 cucharadita de aceite de oliva y una pizca de nuez moscada rallada; echar encima 1 huevo; triturar (3 giros al botón).

[Poner a calentar una cacerola de agua. Trabajar la farsa en forma de oliva con una cucharilla mojada en agua caliente. Pochar estos ñoqui en el agua hirviendo hasta que remonten a la superficie (30-40 segundos).

[Y servir templados sobre la crema de espinacas con una gota de aceite de oliva y una pizca de flor de sal.

... o en Nidos de tallarines de espinaca-mozzarella

[Poner a cocer 100 g de tallarines (frescos si es posible), mezclar con cuidado en una ensaladera con la crema de espinacas, añadir 1 mozzarella de búfala campana, cortada en daditos que se fundirán lentamente y enrollar alrededor de un tenedor para formar unos bonitos nidos...

El consejo de papá-chef:

Como una variante para «descubrir una verdura cruda y cocida», antes de cocer la verdura podemos separar unas hojitas tiernas de espinacas crudas para tapizar los nidos de tallarines.

La abuelita dice:

Aconsejo comenzar por dar a probar la cuajada al natural, continuar echando un chorrito de aceite de oliva, y añadir, seguidamente, una de las hierbas, sólo una, diferente cada vez, para observar los sabores preferidos o los que no le gustan al pequeño.

12 meses en adelante

Cuajada a las finas hierbas

[**5 min**

Utensilios necesarios

Paño de cocina
Tijeras
Cucharilla de café
Cucharilla sopera
Flanera

Compra para un niño de 1 año

[**lácteos** 2 cucharadas soperas colmadas de cuajada (30 g)

[**en el mercado** 1 brizna de cebollino
1 rama de perifollo
1 rama de estragón
1/4 de chalota

[**en el súper** 1 chorrito de aceite de nuez y...
pan de uvas para tostar (o unos *crustini*)

Cosas buenas de esta receta

Una receta audaz porque abre pronto el universo de las finas hierbas y de los condimentos. Es también una receta sabia, porque reúne todo un ramillete de beneficios..., y de sabores que los más atrevidos sabrán apreciar. De hecho, se trata de la versión infantil del «cervelle de canut», queso fresco con hierbas con que se alimentaban los tejedores de seda de Lyon...

La receta paso a paso

[Pasar las hierbas bajo el chorro de agua, sacudirlas para eliminar cualquier impureza, escurrirlas en un paño y cortarlas toscamente con las tijeras. Pelar la chalota y picarla finamente. Poner en la batidora una cucharadita rasa de cebollino y otro tanto de perifollo, 1/2 cucharada de estragón y la misma cantidad de chalota. Triturar una pizca (1 giro de motor) para que no quede reducido a puré. Añadir la cuajada, remover y triturar una vez más (otro giro de botón). Echar esta leche cuajada aromatizada en la flanera. Podemos tostar o pasar por el grill unos pequeños *crustini* de pan que colocaremos al lado.

[**En el último momento, verter un chorrito de aceite de nuez por encima.** Ya sólo queda mojar dentro las tostadas..., ¡nunca los dedos!

La abuelita dice:

Para evitar que las miguitas de nuez (por muy pequeñas que sean) «se vayan por otro lado», es importante que el niño sepa masticar como es debido...

En la granja
Huevos y quesos
Para cualquier estación del año

3 años en adelante

Queso blanco con nueces

[5 min

Utensilios necesarios

2 cucharas soperas
Cuenco

Compra para un niño de 3 años

[**en el mercado** 3 nueces enteras o 6 mitades peladas (secas)

[**lácteos** 4 cucharadas soperas de queso blanco de 20 por 100 de materia grasa
1 pizca de sal

[**en el súper** 1 cucharada sopera de miel de acacia
o 1 punta de cuchara de café de canela en polvo

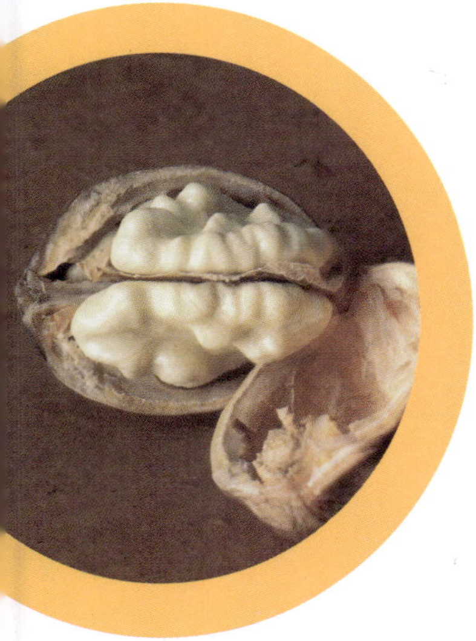

La receta paso a paso

[Abrir las 3 nueces y sacar el fruto (6 trozos)

[Poner 5 de los trozos en la batidora para triturarlos en miguitas (2 giros de motor).

[Agregar el queso blanco. Dar otro giro.

[**Disponer en un cuenco,** verter un hilito de miel por encima y servir.

El consejo de papá-chef:

Escojo miel de acacia por su finura y la suavidad de su aroma, o la sustituyo por canela en polvo (la puntita de una cucharilla). Para potenciar el sabor de las nueces secas, preparo esta receta el día de antes: pongo los frutos en remojo unas horas en leche.

Cosas buenas de esta receta

¡Para crecer fuerte como un roble! Porque las proteínas animales del queso blanco (más su calcio y su hierro) se unen aquí a las proteínas vegetales de las nueces (y sus ácidos grasos esenciales). Y porque las nueces son más energéticas, si cabe, secas que frescas.

La abuelita dice:

En el subtítulo de esta receta bien podría figurar «o cómo comer puerro sin sentir».

En la granja
Huevos y quesos
Primavera-verano

6-8 meses en adelante

Pechuguita de ave de corral y brécol

[**30 min**

Utensilios necesarios

Ensaladera
Cacerola
Tabla de cortar
Cuchillo pequeño de punta
Pelador
Plato
Papel de celofán

Compra para un niño de 1 año

[**en la pollería** 1 pechuga de pollo de corral (unos 80 g)

[**en el mercado** 3 arbolitos de brécol
3 patatas pequeñas roseval
1/2 tomate pequeño
1/2 blanco de puerro finito

[**en el súper** 1 pizca de sal
1 lágrima de aceite de oliva
1/4 de vuelta de molino de pimienta blanca
unos granos de flor de sal

Cosas buenas de esta receta

¡Vaya abanico dietético para paladares exigentes! El sabor dulce de las roseval (energéticas) compensa el amargor del puerro (fibras suaves, acción diurética), así como la acidez del tomate (rebosante de vitaminas y minerales). El brécol añade su dosis de provitamina A (un seguro de crecimiento y buena vista) y de vitamina C sobre todo (estimulante de las defensas del organismo)...

El consejo de papá-chef:

Recomiendo un pollo de corral porque tiene la garantía de un producto de calidad, y patatas roseval por el sabor dulce que aportan al conjunto -y que hace que sean las preferidas de los niños.

La receta paso a paso

[Verter agua fresca en la ensaladera y poner agua a hervir en la cacerola.

[**Preparar la pechuga de pollo:** quitarle la piel, cortarla en dados pequeños y colocarlos directamente en el cestillo de vapor para cocerlos durante 10 min (nivel de agua 2).

[**Preparar las verduras:** mientras tanto, cortar 3 arbolitos de brécol dejando 2 cm de tallo. Limpiar el blanco de puerro, retirar las raíces y cortar en cuatro la parte de arriba. Lavar las verduras en el chorro de agua, sacudiéndolas con fuerza para que suelten toda impureza. Cortar por la mitad el puerro, a lo largo, y picar finamente la mitad que vayamos a utilizar. Retirar el pedúnculo del tomate y partirlo por la mitad, para utilizar sólo medio. Pasar las patatas por el grifo, pelarlas con el pelador y volverlas a lavar antes de cortarlas en daditos.

[Cuando estén cocidos los dados de pollo, tirar el jugo de cocción y trasvasarlos a un plato, que cubriremos con celofán para que no se enfríe.

[Colocar entonces los arbolitos de brécol, el 1/2 puerro, el 1/2 tomate y las patatas en la cesta de vapor para cocerlo durante 15 min (nivel 3 de agua). Tirar el jugo de cocción. Trasvasar las verduras a la batidora. Triturar en puré (2 giros) con los dados de pollo para los más pequeños.

[Disponer el puré de verduras en un plato hondo y, para los mayores, coronar con los dados de pollo, luego añadir un hilito de aceite por encima.

[**Para los más mayores,** condimentar ligeramente y decorar con unos granos de flor de sal.

[¿Qué dice nuestro gourmet?

El consejo de papá-chef:

Salvo excepciones puntuales, a los niños les encanta la calabaza, suave, fundente y ligeramente dulce. ¡Aprovechemos para introducir el jamón por primera vez!

8 meses en adelante

Gratinado de calabaza con jamón

73

Cosas buenas de esta receta

Suavidad de sabores, armonía de colores, juego de consistencias... La unión de la calabaza y el jamón es única para seducir a los peques que desconfían de las novedades, y para alimentarlos como es debido, pues a los minerales de la calabaza (riquísima en potasio) se unen las proteínas del jamón de York, tan buenas como las de la carne roja cuando es de calidad.

[**30 min**

Utensilios necesarios

Tabla de cortar
Cuchillo pequeño de punta
Rallador de queso
Bol
Cuchara sopera
Molde de horno

Compra para un niño de 1 año

[**en el mercado** 150 g de calabaza cortada (= 1 trozo mediano)

[**en la charcutería** 80 g de jamón de York en una loncha gruesa (5 mm)

[**lácteos** 20 g de parmesano fresco
1 buena avellana de mantequilla

[**en el súper** 3 cucharadas soperas, bien colmadas, de leche de crecimiento
... o de continuación para los de 8-12 meses
1 pizca mínima de sal

La receta paso a paso

[**Empezar por retirar las partes grasas del jamón** y cortarlo en daditos (¡cuidado con los dedos!), rallar el parmesano (1 cucharada sopera); reservar.

[**Preparar luego la calabaza:** lavarla, retirar la corteza y el corazón, cortar la carne en trozos que pondremos directamente en el cesto de vapor, con una pizca de sal, para cocer durante 15 min (nivel de agua 3).

[Precalentar el horno en posición «grill».

[Recoger el jugo de cocción en un bol, colocar la calabaza cocida en la batidora con la leche y la mantequilla. Triturar hasta obtener una consistencia lisa y fluida (3 giros de motor), añadiendo, si fuera necesario, un poco de jugo de cocción (una cucharada sopera como máximo) entre medias. Trasvasar a una ensaladera. Agregar los dados de jamón, un poco de sal, muy poquita pimienta, mezclar bien y verter en el molde de horno. Espolvorear con el parmesano rallado.

[Meter en el horno hasta que tome un bonito color dorado (10 min).

Mamá opina:

Cuando tengo muchas cosas que hacer, preparo el puré de calabaza el día de antes: el resto es cuestión de minutos.

La abuelita dice:

En Navidad, corto un filete de la pechuga del pavo asado y se lo sirvo a Alphonse, acompañado de dos purés de fiesta: castañas y apio.

En la granja

Huevos y quesos

Invierno

18 meses en adelante

Pavita y hojas de col

[**20 min**

Utensilios necesarios

Tabla de cortar
Cuchillo pequeño

Compra para un niño de 18 meses

[**en el mercado** 1 col o repollo pequeño verde rizado

[**en la pollería** 50 g de filete de pavo
1 loncha pequeña de panceta ahumada (20 g)

[**en el súper** 1 avellana de mantequilla
1 pizca mínima de sal
1/4 de vuelta de molino de pimienta blanca

La receta paso a paso

[Preparar el repollo, retirar las hojas externas que se desprenden fácilmente, así como el troncho. Cortarlo en cuatro trozos y lavarlo en un barreño con agua abundante y unas gotas de vinagre.

[Se utilizará sólo un cuarto (los otros los reservaremos para la comida de los mayores). Cortar las hojas en tiras no demasiado finas y colocarlas en la cesta de vapor.

[Cortar el filete de pavo y la panceta, incorporar a la cesta de vapor con la mantequilla.

[Cocer durante 15 min (nivel de agua 3). Tirar el jugo de cocción.

[Condimentar muy ligeramente con sal y pimienta (¡cuidado, la panceta ya lleva!), probando para rectificar si fuera necesario.

[Disponer en el plato del chiquitín, y servir tal cual.

El consejo de papá-chef:

Escoja un buen repollo de huerta, verde, rizado, bien formado; y la pechuga de una pavita, si es posible, de corral. La pequeñísima loncha de panceta tiene por objeto potenciar el sabor del plato.

Cosas buenas de esta receta

Se forma el gusto a dos sabores diferentes, así como a dos consistencias, al descubrir la sorpresa de los trozos de pavo escondidos entre las hojas de col. Y llenamos el depósito de vitamina C (para que refuerces tus defensas, hijo) y proteínas con este plato, aconsejado para los días de mucho frío.

Alimentar a un niño es construir... un hombrecito o una mujercita bien plantad@ en sus deportivas en el futuro. La carne, con sus proteínas de primera y su hierro fácilmente asimilable, constituye el mejor material de construcción, tras la leche de primera infancia. Papá-chef la prepara con maestría los días de fiesta, en recetas que abarcan de Escandinavia a Oriente, del *Pytt-i-Panna* al *kefta,* exigiendo una calidad inmejorable en cada compra. Es cierto que esa calidad es cara, pero inútil protestar: ¡el que algo quiere, algo le cuesta!

La carne roja y la blanca tienen el mismo valor nutritivo. Aproximadamente, el del jamón de York y el de las aves…, si descartamos sus lípidos. ¿Cómo? Escogiendo trozos tiernos en carnes magras –filete y babilla de buey; paletilla, aguja, pierna de cordero; lomo de ternera…– en la carnicería.

Un buen carnicero respeta la carne, garantiza su origen a través de una marca: regional, artesanal, de determinada ganadería. La selecciona en base a criterios de calidad, animales criados en pastos naturales, al aire libre. Sabe conservarla y prepararla. Nos aconseja y pica a demanda, delante de los clientes, el trozo destinado a la generación mini, recomendándonos meterlo lo más rápidamente en el frigorífico y comerlo en las tres horas siguientes, ¡cocinado por papá-chef, por supuesto!, en albóndigas o en rusos…

En carnes rojas, procuraremos elegir buey o ternera con la etiqueta de denominación de origen. Muy roja, brillante, tersa. Y si compramos carne picada congelada, procuraremos que sea de «5% de materia grasa», ¡y que pase directamente del congelador al babycook!

También hay cordero todo el año, de carne rosada; o, mejor todavía, cordero lechal, de carne blanca, entre diciembre y abril… Preferentemente, con la etiqueta DO, denominación de origen.

¿Y respecto a la carne blanca? Ternera lechal, criada con leche de la madre, en una granja ganadera y, como siempre, con denominación de origen.

Pero nos atendremos a raciones mini: una cucharada de café hacia los 5-6 meses, siguiendo los consejos del pediatra, aumentando a 1 cucharada sopera a 1 año, y 2 a los 2 años (unos 30-50 g). Siempre a mediodía para facilitar los buenos sueños por la noche.

¿Es poco? ¡Claro que no! Los niños comen demasiada carne en los países desarrollados, desde muy temprana edad... Dos veces a la semana es un buen indicador, si alternamos con huevos, jamón, aves y pescado; todos ellos proporcionan proteínas animales que poco a poco van a ir sustituyendo a las de la leche.

¿Para qué sirven las proteínas animales? Para formar cada miembro del cuerpo, mantenerlo y protegerlo. **El hierro** ayuda a oxigenar los glóbulos rojos. En la carne, también hay **cobre**, que permite que el hígado asimile el hierro; **cinc**, esencial para el crecimiento; **potasio**, contribuye al equilibrio del sistema nervioso; y **vitaminas B**, que aportan energía a las células…

¡Hay tantas actividades a las que atender desde el punto de vista nutritivo a diario..., pero no con un apetito de ogro!

77

De los pastos

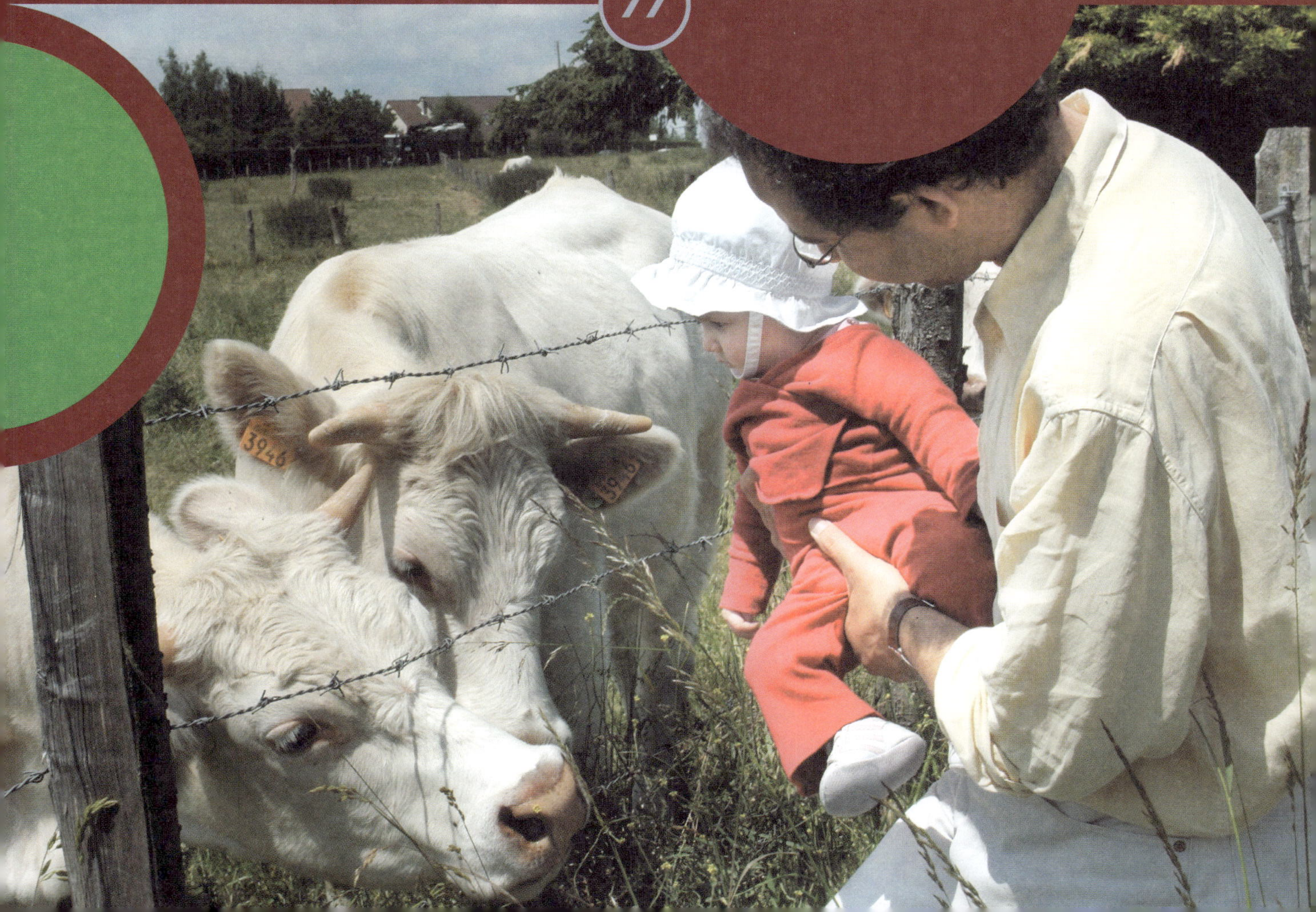

Mamá dice:

Póngale un babero con mangas..., no se arrepentirá.

De los pastos

La carne del año

Para cualquier estación

12 meses en adelante

Kefta de cordero

[20 min

Utensilios necesarios

Tabla de cortar
Cuchillo pequeño de punta fina
Ensaladera pequeña
Papel de celofán
Pelador
Cacerola pequeña
Cuchara de madera
Cuchara de café

Compra para un niño de 1 año

[**en la carnicería** 80 g de cordero (paletilla, aguja o pierna)

[**en el mercado** 1 rama de cilantro
1/4 de cebolla
... y para la salsa: 1 patata BF15 (de tamaño mediano)

[**en el súper** 1 punta de cucharilla de comino en polvo
aceite de oliva
... y para la salsa: 1 cucharada pequeña de concentrado de tomate

La receta paso a paso

[Lavar el cilantro en el chorro de agua y deshojarlo. Pelar la cebolla, partirla en cuatro trozos y cortar en dados el cuarto que se vaya a utilizar. Partir el cordero en trozos grandes y ponerlos directamente en la batidora. Añadir el aceite de oliva, los dados de cebolla, el cilantro y el comino. Dar 3 giros de motor para obtener una «farsa» muy homogénea. Trasvasar a una ensaladera, cubrirla con papel de celofán y dejar reposar en el frigorífico.

[**Mientras tanto, vamos a preparar la salsa.** Pasar la patata bajo el chorro de agua, pelarla con el pelador, lavarla y cortarla en dados. Poner la cacerola a fuego muy suave con un chorrito de aceite de oliva, incorporar los daditos de patata, sin dejar que se doren. Mojar con agua hasta cubrir (a ras de las patatas), agregar el concentrado de tomate, dejar espesar a fuego lento moviendo con cuidado: la salsa va a ir tomando un apetecible color rojo. Apagar el fuego.

[**Es el momento de moldear las albóndigas de cordero.** Sacamos la farsa del frigorífico. Moldeamos 5 o 6 albóndigas del tamaño de una cereza, con la palma de la mano, bajo la mirada atenta de nuestro «ayudante de cocina». Ponemos las albóndigas en la salsa para que cuezan a fuego lento 6-7 min. Y servimos este ragú rojo tan atractivo. ¿Quién resistiría la tentación de coger las albóndigas con los dedos?

Cosas buenas de esta receta

En una salsa de un rojo real, descubrir una especia, el comino, que realza con su sabor cálido el cordero, tierno y aromático, supone un estímulo para la vista y el paladar, la curiosidad y la imaginación.

El consejo de papá-chef:

En cuanto a recetas de albóndigas, juego con Alphonse al «viaje alrededor del plato» para que pueda comparar el sabor del kefta marroquí y del Kött Bullar sueco, esas otras albóndigas de carne que se pronuncian «shotbular».

Papá-chef dice:

En realidad es la receta baby, adaptada del cuscús de los mayores (sin harissa ni merguez), para que todos puedan gozar de la mesa de fiesta.

De los pastos
La carne
Otoño-invierno

12 meses en adelante

Cuscús de verduras

Cosas buenas de esta receta

Excelente relación precio-equilibrio nutritivo: proteínas animales de la carne, proteínas vegetales de la verdura (el conjunto debería cubrir la gama de los aminoácidos esenciales), glúcidos de la sémola de trigo (les encanta a partir de 6 meses). Este plato es un menú completo, procedente de los países del sol.

La opinión de mamá:

Probar a edad temprana platos de otras culturas ensancha la paleta de sabores y de horizontes. ¡Fantástico!

[25 min

Utensilios necesarios

Plato hondo
Papel de celofán
Tabla de cortar
Cuchillo pequeño de punta fina
Tenedor
Ensaladera
Cucharilla

Compra para un niño de 1 año

[**en el súper** 30 g de sémola de cuscús, tamaño medio
1 cucharada pequeña de aceite de oliva
1 nuez de mantequilla

[**en el mercado** 20 g de zanahorias
20 g de judías verdes extrafinas
20 g de calabacines
20 g de nabos
20 g de apio nabo
1 rama de cilantro
2 hojas de menta

[**en la carnicería** 20 g de cordero picado (paletilla, aguja o pierna)
20 g de pechuga de pollo de corral picada

81

La receta paso a paso

[**Preparar la sémola.** Ponerla en un plato hondo, echar agua caliente hasta cubrir (a ras de la sémola), tapar con papel de celofán y dejar que se hinche lentamente mientras realizamos la receta.

[Lavar las verduras y la rama de cilantro (pero no la menta), pelarlas, cortarlas en trozos grandes y ponerlas a cocer en la cesta de vapor durante 10 min (nivel de agua 2). Tirar el jugo de cocción. Incorporar las carnes picadas, añadir agua hasta el nivel 1 para cocer 5 min más.

[Mientras tanto, cortamos en trozos (*concasser*) las 2 hojas de menta con la mano. Luego retiramos con tenedor la sémola del plato hondo para desgranarla en la ensaladera; añadimos la mantequilla, el aceite de oliva y la menta. Mezclamos ligeramente y reservamos.

[**La carne y la verdura están cocidas.** Tirar el jugo de cocción. Trasvasar a la batidora. Dar un giro de motor para que queden trocitos. Si fueran muy grandes para el niño, un segundo giro resolvería el problema. Ponemos un fondo de sémola en el plato del bebé, hacemos un pocito donde echamos el mini-ragú de cuscús. ¡Que aproveche!

El consejo de papá-chef:
No conviene escatimar el tiempo de la farsa en el frigorífico, pues es lo que permite moldear con facilidad las albóndigas y que no se deshagan en la sartén.

15 meses en adelante

Albóndigas de carne

[25 min

Utensilios necesarios

Cuchillo pequeño
Tabla de cortar
Bol
Tenedor
Papel de celofán
Cuchillo pelador
2 ensaladeras pequeñas
Sartén antiadherente
2 cucharas soperas

Compra para un niño de 15 meses

[**en la carnicería** 40 g de babilla de buey o ternera roja
40 g de pecho de cerdo, bastante magro

[**lácteos y huevos** 1 huevo «extrafresco» de corral
1 cuchara sopera de nata líquida espesa
2 avellanas de mantequilla

[**en el mercado** 1 patata grande «bintje»
1/4 de cebolla

[**en el súper** 2 cucharadas soperas de leche de crecimiento
1 pizca mínima de sal
1/4 de vuelta de molino de pimienta blanca

Cosas buenas de esta receta

El Kött Bullar (pronúnciese «shotbular») es la receta de fin de semana en Suecia, con la que los niños se chupan los dedos en otoño y que les reconforta en invierno. Nada sorprendente, si tenemos en cuenta la cantidad de ventajas: hiperproteínica (buey y cerdo, que también proporcionan hierro), multivitamínica (lácteos), energética (glúcidos de la patata); con el huevo, alimento completo, como colofón...

La receta paso a paso

[**Preparar la farsa:** poner los trozos de carne en la batidora, dar 2 giros de motor. Pelar la cebolla, picar un cuarto y añadirla junto a la leche a la farsa. Es el turno del huevo, ¡pero sólo medio! ¿Cómo hacer? Cascar el huevo, batirlo con tenedor y verter la mitad en la batidora. Condimentar muy poquito.

[**Triturar hasta obtener una farsa homogénea:** 1 giro (o 2, removiendo entre medias). Trasvasar a una ensaladera, cubrir con papel de celofán, dejar reposar de 10 a 15 min (como mínimo) en el frigorífico.

[Mientras tanto, lavar la batidora y preparar la guarnición: pasar la patata por el chorro de agua, pelarla con el cuchillo pelador, lavarla, cortarla en trocitos que meteremos en la cesta de cocción al vapor. Cocer 10 min (nivel de agua 2). Tirar el jugo de cocción. Trasvasar la patata a una ensaladera, aplastarla con un tenedor, incorporar la nata y una nuez de mantequilla. Mezclar. Reservar al calor.

[Sacar la farsa del frigorífico y moldear 4 o 5 albóndigas, del tamaño de una castaña, con la palma de la mano.

[**Calentar la sartén con una avellana de mantequilla.** En cuanto empiece a espumar, colocar las albóndigas y dorarlas por todas las caras, 5 min en total.

[Disponer las albóndigas en el plato. Con ayuda de dos cucharas soperas, confeccionar rápido 2 *quenelles* de «puré de patata» y decorar con él. ¿Qué probará en primer lugar nuestro goloso?

La opinión de mamá:

Es una receta para los días en que pongo los platos pequeños dentro de los grandes. Y para ganar tiempo, le pido al carnicero que me corte la carne con cuchillo, muy finita, delante de mí.

A la abuelita le ha sorprendido lo de la remolacha cruda; lo prueba para ver si de verdad está rico, y reconoce que lo está.

12 meses en adelante

Pytt-i-Panna especial

[**15 min**

Utensilios necesarios

Tabla de cortar
Pelador
Cuchillo pequeño
Bol

Compra para un niño de 1 año

[**en la carnicería** 80 g de buey o ternera roja, picado grueso con cuchillo
1 loncha de jamón ahumado (20 g)

[**en el mercado** 2 patatas charlotte
1/4 de cebolla
1/2 zanahoria
... y 1/4 de remolacha cruda

[**en el súper** 1 cucharada sopera de nata líquida

La receta paso a paso

[Empezaremos por la remolacha cruda: lavarla, pelarla y cortarla en dados.

[Seguiremos con las otras verduras: pasarlas por el grifo, pelarlas y lavarlas. Cortar la cantidad requerida en trozos finos, que pondremos en la cesta de cocción al vapor. Añadir la carne picada y el jamón ahumado. Cocer durante 10 min (nivel de agua 2). Tirar el jugo de cocción.

[Trasvasar a la batidora. Triturar ligeramente (1 giro de motor), para dejar algunos trocitos. Verter en un bol y agregar la nata líquida.

[Disponer esta farsa en el plato. Colocar los dados de remolacha cruda por encima.

[Y, de repente, el *Pytt-i-Panna* tiene un amiguete nuevo...

El consejo de papá-chef:

Del buey, escoja la tapa, y cortada con cuchillo para que los trozos no se cuelen por la cesta de cocción al vapor.

Cosas buenas de esta receta

En Suecia, el Pytt-i-Panna es el plato preferido de los niños, y les encanta porque está hecho con tropezones. Y como los adultos sienten nostalgia de su infancia, se ha convertido en un plato para todos. Recordemos que Mi, la mamá de Alphonse, es sueca...

Proteínas de buey, glúcidos y fibras de las verduras, calorías del trocito de jamón ahumado, vitamina A de la nata: efectivamente, es una receta para hacer frente a los días duros de invierno.

Mamá ha dicho:

Para que Alphonse descubra la familia de los condimentos, pongo alrededor de su plato unos recipientes pequeños con salsas diferentes; allí puede mojar a su antojo sus crujientes.

De los pastos

La carne

Otoño-invierno

12 meses en adelante

Crujientes de ternera

[**30 min**

Utensilios necesarios

1 paño
Tijeras
Tabla de cortar
Cuchillo
Ensaladera pequeña
Papel de celofán
3 boles
1 tenedor
1 sartén antiadherente

Compra para un niño de 1 año

[**en la carnicería** 30 g de lomo de ternera

[**en el mercado** 2 ramas de perejil plano

[**lácteos y huevos** 1 cuchara de postre de nata líquida
2 huevos «extrafrescos» de gallina criada al aire libre
1 avellana de mantequilla

[**en el súper** 1 cucharada sopera de harina colmada
3 cucharadas soperas de pan rallado
1 cucharada sopera de aceite de pepitas de uva
1 pizca mínima de sal
1/4 de vuelta de molino de pimienta blanca

Cosas buenas de esta receta

Una versión «crujiente» de la carne de ternera. El bebé ya está acostumbrado a esta carne, tierna y magra, desde hace mucho tiempo, pero aquí la descubre con una consistencia nueva, y bajo una forma más elaborada. Un paso hacia delante en el universo de aficionados a la buena mesa...

La guarnición que acompaña es ese champiñón cultivado actualmente en bodegas, pero que ya se conocía en el antiguo Egipto, y que se ha convertido en poco tiempo en la especie más cultivada del mundo. Y tiene bien merecido el éxito por su riqueza en minerales, oligoelementos y vitaminas. Además, ¡está tan rico...!

La receta paso a paso

[**Empezaremos preparando la farsa.** Lavar el perejil en el chorro de agua y sacudirlo bien, cortar los tallos y secarlo con un paño. Cortar las hojas con la tijera. Partir la ternera en daditos. Ponerlos en la batidora con el perejil y la nata líquida; agregar un huevo cascado. Triturar (3 giros de motor), removiendo con la espátula entre cada giro hasta obtener una farsa muy fina y compacta. Condimentar ligeramente. Trasvasar a una ensaladera, cubrir con papel de celofán y dejar reposar 15-20 min en el frigorífico.

[Mientras tanto, alinear tres boles en fila india. En el primero, echar la harina; en el segundo, cascar el segundo huevo y batirlo; en el tercero, poner el pan rallado.

[Cuando se haya enfriado la farsa, moldearla en filetes rusos (= albóndigas aplastadas) con la palma de la mano. Con un tenedor, pinchar cada filete para pasarlo por harina primero, luego por huevo y, por último, por pan rallado, palmeándolo entre medias contra la pared del bol para que suelte el excedente. Reservar los filetes. Poner la sartén en fuego medio con la nuez de mantequilla y la cucharada sopera de aceite de pepitas de uva. En cuanto empiece a espumar, bajar el fuego y dorar los filetes por cada lado.

[Ahora ya están listos para hincarles el diente...

El consejo de papá-chef:

Evidentemente, lo ideal es utilizar ternera criada con leche de la madre, es decir, sin destetar...¿Que qué sentido tiene dejar reposar la farsa en el frigorífico? Pues porque los filetes se moldean con mayor facilidad y no se deshacen en la sartén.

Los días festivos

... y puré de champiñones cultivados

La receta paso a paso

[Cocer 10 min al vapor (nivel de agua 2) 100 g de champiñones pequeños cultivados (sin restos de tierra y lavados con agua de limón), con una patata charlotte pequeña cortada en trozos y una lágrima de limón. Tirar el jugo de cocción*. Triturar (3 giros de motor) agregando una cucharada sopera de nata líquida entre medias, más una pizca de sal, si se necesita.

* Excepto si pretendemos obtener una crema en vez de un puré.

Aquí tenemos yodo, fósforo y proteínas procedentes del mar. Y en su estela, flúor y potasio. Como pescado, las gambas y vieiras constituyen un tesoro de pirata que maravilla al nutricionista y despierta la inspiración de papá-chef.

El pescado es uno de los mejores alimentos posibles..., ¡cuando está fresco como una lechuga! Con el ojo brillante, la agalla roja, las escamas relucientes, con olor a mar. En caso contrario, dar media vuelta y comprarlo congelado: tratado en el barco, su frescura queda fuera de dudas; el único inconveniente es que tendrá la carne más seca...

A los grumetes, hay que darles preferentemente pescado «blanco»: lubina, bacalao fresco (el menos graso de todos y uno de los más ricos en potasio), platija, pescadilla, lenguadina, merluza, lenguado (servido bien hecho, con la carne de un blanco nacarado)... En agua dulce, el lucio.

Precaución, son muy frágiles. Primero, pedimos al pescadero que nos saque los lomos, teniendo cuidado de retirar las espinas que hayan quedado; luego, se guardan en el frigorífico muy poco tiempo, envueltos en papel de aluminio para que no contaminen con su fuerte olor los otros alimentos; por último, se cocinan con mucho cuidado. Empezaremos probando, a los 5-6 meses, para detectar cuanto antes cualquier señal de alergia. Si todo va bien, los proponemos en el menú 2 ó 3 veces a la semana.

Luego, con los futuros lobos de mar, hacia 1 año, introducimos el salmón, ese «pescado de aguas frías» de excepcional riqueza en ácidos grasos esenciales y en vitaminas A y D –lo que va unido al contenido en lípidos del pescado–. Un salmón silvestre de Noruega o de Escocia, de menos de 3 años, es el único que sigue efectuando la migración siguiendo el ritual de sus antepasados...

Respecto a las vieiras, hay que armarse de una paciencia de santo hasta que cumpla los 18 meses y desaparezca el peligro de alergia, debido a su fuerte contenido en yodo –lo que no impide empezar con unos trocitos de prueba.

El yodo, presente únicamente en los productos del mar, resulta esencial en el crecimiento. ¡Indispensable, pero sin excederse! **El selenio** mantiene las defensas inmunes. **El flúor** construye unos dientes de leche, como para comerse la vida a mordiscos. **El fósforo** garantiza huesos fuertes, dientes excelentes y un crecimiento satisfactorio, junto al calcio –si la vitamina D pone su granito de... arena. Y en los lípidos del pescado, **la vitamina D** favorece la asimilación del calcio y del fósforo; mientras que los **ácidos grasos esenciales** se ocupan del desarrollo del cerebro.

Nunca se insistirá bastante en la importancia de los productos del mar para crecer como... pez en el agua. Aquí le proporcionamos unas recetas para jugar con ellos: en pétalos o rodajas, tartar, brandada o *quenelles*..., con hinojo, verde de acelga o brécol, con espinacas o champiñones pequeños...

A continuación, dejemos que mamá deje vagar su imaginación: el tema es vasto como el ancho mar...

89

De la mar...

Mamá recomienda:

Si no encuentran róbalo, compren lubina..., explicando a los pequeños curiosos que no tiene nada que ver con el lobo de los cuentos.

De la mar... El pescado

Invierno-primavera

8 meses en adelante

Lubina al hinojo

[**20 min**

Utensilios necesarios

Tabla de cortar
Cuchillo pequeño de punta
2 ensaladeras
Cacerola pequeña
Cuchara de madera

Compra para un niño de 1 año

[**en la pescadería** 30 g de lomo de lubina de anzuelo

[**en el mercado** 1/4 de bulbo de hinojo
1 bastoncito de hinojo seco
1/2 tomate cherry
2 hojas de albahaca
3 gotas de limón

[**en el súper** 1 chorrito de aceite de oliva
1 pizca mínima de sal
... y unos hielos

La receta paso a paso

[Lavar en el chorro de agua el bulbo de hinojo, cortarlo en cuatro trozos y picar finamente un cuarto. Cortar el lomo de lubina en finas láminas. Colocar la lubina y el hinojo picado en el cesto de cocción al vapor. Encima de la lubina, poner el hinojo seco. Cocer durante 15 min (nivel de agua 3).

[Mientras tanto, **preparar una «salsa virgen» para acompañar.** Llenar una ensaladera con agua fresca y hielos, y poner agua a hervir en la cacerola. Lavar el tomate, retirar el pedúnculo y mondarlo sumergiéndolo 30 segundos en el agua hirviendo y luego en el agua helada antes de pelarlo: la piel se retirará en un abrir y cerrar de ojos. Lavar la albahaca, deshojarla y cortar las hojas en trozos con los dedos. Cortar el tomate en cuatro trozos, retirar las simientes (con el pulgar es más fácil) y cortar dos cuartos en daditos. Mezclarlos en una ensaladera con el aceite de oliva, la sal, la albahaca y 3 gotas de limón (¡no más!). Reservar.

[Una vez hecho, retirar el bastoncito de hinojo seco y tirar el jugo de cocción. Trasvasar a la batidora la lubina y el hinojo cocidos. Dar dos giros de motor. Disponer en un plato, rociar delicadamente con la vinagreta de dados de tomate.

[¿A que queda bien?

El consejo de papá-chef:

Es preferible una lubina de anzuelo que una de vivero. La segunda es más fácil de encontrar en el mercado, pero su carne no es tan sabrosa por tratarse de un pez criado en cautividad.

Cosas buenas de esta receta

Sus sabores sutiles suavizan las papilas gracias a la delicadeza de la lubina, que realza el hinojo, ese «eneldo dulce» con sabor a anís. Utilizado seco y fresco (presentación de invierno o de primavera), el hinojo aporta su riqueza en sodio y calcio.

El consejo de papá-chef:

Pedir al pescadero un buen taco de bacalao fresco, que no se deshaga al cocerlo, y que retire las espinas.

8 meses en adelante

Pétalos de bacalao fresco y miguitas de brécol

[15 min

Utensilios necesarios

Tabla de cortar
Cuchillo pequeño
2 platos
Papel film
Ensaladera
Tijeras
Tenedor

Compra para un niño de 1 año

[**en la pescadería** 1 taco pequeño de lomo de bacalao fresco (40 g)

[**en el mercado** 1 ramillete de eneldo fresco
3 ó 4 ramitos de brécol
1/2 limón

[**en el súper** 1 pizca de sal para los mayores

La receta paso a paso

[Lavar el brécol en agua fría. Cortar 3 ó 4 ramitos, y ponerlos a cocer en el cesto de vapor 5 min (nivel de agua 1). Tirar el caldo de cocción. Aplastar los ramitos con el tenedor en un plato. Cubrir con papel film para conservarlos al calor.

[Cortar el eneldo con tijera. Cubrir, sin escatimar, la superficie del taco de bacalao antes de ponerlo en el cesto de vapor para cocerlo únicamente 3 min (nivel de agua 0,5), con objeto de que quede firme. Tirar el jugo de cocción.

[Colocar en el plato el bacalao cocido. Con la punta del dedo presionar sobre los «pétalos» para que se separen unos de otros.

[En el plato del bebé (que no ha quitado ojo a lo largo de todo el proceso), alternar las capas de pétalos de bacalao y de miguitas de brécol. Es un milhojas blanco y verde... delicioso.

93

Cosas buenas de esta receta

Una fuente de salud. Una receta ligera y digestiva, que se puede empezar a dar desde las primeras «comidas verdaderas»; de realización rápida, aunque hay que tener mano para montar el milhojas, donde reside su encanto. Presenta la ventaja de unir dos alimentos fabulosos para el organismo: un pescado blanco y una verdura beneficiosa, sin restricciones a partir de los 4 meses.

12 meses en adelante

Brandada de salmón con hojas verdes de acelga

Cosas buenas de esta receta

¡El príncipe y la corista! Un pescado de aguas frías, de enorme riqueza en ácidos grasos esenciales, y una verdura de nuestros huertos, cuya riqueza sigue siendo la gran desconocida. Entre los dos suman un montón de minerales valiosísimos y una provisión completa de vitaminas, que permiten su correcta asimilación.

95

[20 min

Utensilios necesarios

Fuente pequeña para gratinar
Tabla de cortar
Cuchillo pequeño de punta fina
Pelador
Cacerola
Espumadera
Ensaladera
Tenedor

Compra para un niño de 1 año

[**en la pescadería** 80 g de lomo de salmón salvaje

[**en el mercado** 1 patata grande, agria o charlotte
2 hojas de acelga
1 ramita de tomillo
1 diente de ajo

[**en el súper** 2 cucharadas soperas de leche de crecimiento
1 cucharada sopera de pan rallado
1 avellana de mantequilla
1 pizca mínima de sal

La receta paso a paso

[Precalentar el horno en posición «grill». Untar con mantequilla la fuente de gratinar. Poner a hervir agua salada en la cacerola.

[**Preparar las verduras:** separar el verde de las acelgas de las pencas blancas, que no utilizaremos en esta ocasión. Lavar el verde en el chorro de agua corriente y cortarlo en tiras (no demasiado finas). Pasar la patata por el agua, pelarla, lavarla y cortarla en trocitos pequeños. Poner las verduras en la cesta de vapor durante 10 min de cocción (nivel de agua 2).

[Mientras tanto, preparamos el salmón. Echar la leche en la cacerola y agregar el tomillo y el ajo «en camisa» (con su piel). Poner a fuego lento. Cuando la leche empiece a hervir, incorporar el salmón, cortar el fuego y dejar pochar durante 5 min, no más, para que quede meloso. Sacar el salmón con la espumadera. Colocarlo en la ensaladera, desmigarlo con el tenedor y reservar.

[Cuando las verduras estén hechas, tirar el jugo de cocción y trasvasarlas a la batidora. Dar 3 giros de motor.

[**Mezclar esta farsa con el salmón.** Probar, rectificar de sal si fuera necesario. Trasvasar la mezcla a la fuente de gratinar. Rociar con una lluvia de pan rallado, antes de gratinar ligeramente (5 min) en el horno.

La opinión de papá-chef:

… ¡ya puede estar satisfecho el niño con semejante «merienda»! Podemos sustituir el salmón por bacalao fresco, un guiño a la «verdadera» brandada, y utilizar las pencas de la acelga, gratinadas con nata líquida, para la comida de los mayores.

El consejo de papá-chef:
Compre un lenguado entero muy fresco, de pequeño tamaño, y pida a su pescadero que le saque los filetes.

12 meses en adelante

Rodajas de lenguado con espinacas

[**20 min**

Utensilios necesarios

Tabla de cortar
Film extensible
Cuchillo pequeño de hoja ligera
Ensaladera
Cacerola
Espumadera
2 palillos de madera

Compra para un niño de 1 año

[**en la pescadería** 2 filetes de lenguado pequeño

[**en el mercado** 150 g de espinacas frescas
1/2 limón

[**en el súper** 1 pizca de sal
2 avellanas de mantequilla
... y unos hielos

La receta paso a paso

[Aplanar los filetes de lenguado (¡sin que se deshagan!): cubrirlos con una hoja de papel elástico, mojarla ligeramente, y presionar por encima con la hoja del cuchillo muy plana. Llenar la ensaladera de agua fresca con hielo. Poner a hervir agua salada en una cacerola.

[Quitar el rabito de las espinacas con la mano. Lavarlas cambiando varias veces el agua. Blanquearlas 30 segundos en agua hirviendo, luego trasvasarlas al agua helada (para que conserven su atractivo color verde). Sacarlas con una espumadera y presionar ligeramente entre las manos para extraer el máximo de agua.

[Salar y untar de mantequilla los filetes de lenguado con la hoja del cuchillo. Envolver los filetes con una capa fina de espinacas por encima. Si fuera necesario, utilizar un palillo para sujetarlos. Poner los dos rollos en la cesta de cocción al vapor. Cocer de 7 a 8 min (nivel de agua, un poco por encima de 1). Después, cortar en rodajas.

[**Y de repente aparecen espirales de dos colores,** ante un espectador deslumbrado. Colocar 1/2 limón en el plato, para terminar añadiendo 2 ó 3 gotas.

El bebé dibuja con el dedo la espiral de espinacas en el filete de lenguado.

Cosas buenas de esta receta

La magia en el plato, creada con un menú equilibrado que asocia los ácidos grasos esenciales de un pescado blanco y la riqueza en minerales de una hortaliza verde. El lenguado fresco es tierno (congelado es más seco) y la espinaca se deshace en la boca. Dúo lúdico para proponer esta hortaliza que no siempre es bien recibida...

El consejo de papá-chef:
Podemos escoger cualquier tipo de pescado, siempre que sea blanco, fino y muy fresco. Pida al pescadero que se lo haga filetes.

De la mar... El pescado Para cualquier estación del año

12 meses en adelante

98 Quenelles de pescado en salsa de champiñones

[15 min para las *quenelles*
[10 min para la salsa

Utensilios necesarios

2 ensaladeras pequeñas
Papel de celofán
Tabla de cortar
2 cacerolas pequeñas
Bol
2 cucharas soperas
... o de café
(dependiendo del tamaño de las *quenelles*)
Espumadera

Compra para un niño de 1 año

Para las quenelles...

[**en la pescadería** 60 g de filete de pescado blanco: merluza, pescadilla, lenguado o lucio

[**lácteos y huevos** 30 g de mantequilla
1 huevo «extrafresco» de gallina de corral
1 cuchara sopera de nata líquida

[**en el súper** 1 pizca mínima de sal
1/4 de vuelta de molino de pimienta blanca

... y para la salsa

[**en el mercado** 60 g de champiñones cultivados
1 chalota
1 ramita de tomillo

[**lácteos** 2 cucharadas soperas de nata líquida
1 nuez de mantequilla

[**en el súper** 1 pizca mínima de sal
1/4 de vuelta de molino de pimienta blanca

La opinión de mamá:

Para ganar tiempo, hago la farsa y la salsa el día de antes (sacando con antelación la mantequilla del frigorífico para que esté blanda); así no tengo más que calentar la salsa y terminar las quenelles *justo antes de la hora de la comida.*

Cosas buenas de esta receta

Una iniciación a la cocina de chef, con la libertad que deja a los artistas de crear unas quenelles de fantasía (con forma de «ratones blancos», por ejemplo) y la seguridad de dar a nuestro bebé todas las virtudes del mar, incluso a los que no les gusta el pescado: la quenelle se deshace en la boca sin sentir.

La receta paso a paso

[Primero se prepara la farsa de pescado

Poner el pescado en la batidora para picarlo (1 giro de motor). Añadir la mantequilla y cascar el huevo. Girar otra vez. Agregar la nata, un poco de sal y muy poca pimienta. Girar por tercera vez. Probar para verificar el punto de sal (según la edad del niño), rectificar si fuera necesario. Trasvasar a una ensaladera, cubrir con papel de celofán, reservar en el frigorífico. Lavar el robot.

[Mientras reposa la farsa, confeccionamos la salsa de champiñones

Preparar los champiñones: retirar la parte terrosa de la base del pie, lavarlos dos veces en un barreño con agua fresca, cortarlos por la mitad. Pelar la chalota y picarla finamente. Poner una cacerola sobre un fuego muy bajito. Dejar sudar 30 segundos la chalota y los champiñones con una nuez de mantequilla, sin dejar dorar. Agregar la nata, el tomillo y un poquito de sal. Dejar cocer 5 min. Retirar la ramita de tomillo. Trasvasar al robot. Dar 3 giros de motor. Comprobar de sal. Reservar.

[Ahora podemos dar forma a las *quenelles*

Mientras cocía la salsa, hemos puesto a calentar una cacerola con agua ligeramente salada, sin dejar que hierva. Sacar la farsa de pescado del frigorífico. Con dos cucharas (que meteremos en agua tibia para evitar que se adhiera la farsa), confeccionar unas *quenelles*, grandes o pequeñas, según el tamaño de la cuchara. Con la espumadera, meterlas en la cacerola con agua caliente y contar 2 min por cada lado para las grandes, luego escurrirlas. En el plato hondo del bebé, colocar las *quenelles* y naparlas con la salsa de champiñones.

[¡Silencio, se prueba!

De la mar... Moluscos y crustáceos

Invierno

18 meses en adelante

Tartar de vieiras

[**10 min**

Utensilios necesarios

Pincel
Cuchillo pequeño de punta fina
Tabla de cortar
Ensaladera

Compra para un niño de 18 meses

[**en la pescadería** 2 buenas vieiras gallegas

[**en el mercado** 1 brizna de cebollino
1 chalota

[**en el súper** 1 ó 2 pepinillos en vinagre crujientes
1/2 cuchara de café de alcaparras
1 hilito de aceite de oliva
1 pizca mínima de sal
1/4 de vuelta de molino de pimienta blanca

La receta paso a paso

[Lavar con mucho cuidado las vieiras, con un pincel, bajo un chorrito de agua corriente. Luego las conchas con abundante agua del grifo. Cortar en trozos los pepinillos y la chalota (de la que sólo utilizaremos una pizca). Poner pepinillos, chalota y alcaparras en la batidora. Dar un giro de motor. Picar fino el cebollino con cuchillo y reservarlo.

[Cortar entonces, y sólo en ese crítico momento, las vieiras en trocitos y ponerlas directamente en la batidora. Triturar (2 giros de motor), removiendo entre medias para distribuir los trozos. Añadir el cebollino, la mezcla de pepinillos, alcaparras y chalota. Dar otro giro. Trasvasar a una ensaladera. Condimentar (apenas y probando). Agregar un hilo de aceite de oliva. Mezclar.

[Disponer unos montoncitos de tartar en el centro de las conchas de las vieiras y llevar enseguida a Alphonse a descubrir el marisco...

La opinión de mamá:

Las vieiras se abren con dificultad; por tanto, el pescadero lo hace en mi lugar y llevo a casa las conchas abiertas.

El consejo de papá-chef: *Aquí utilizo vieiras gallegas, pero puede sustituirlas por otras de distinta procedencia.*

El tartar no se puede hacer con vieiras congeladas, por lo que procuraremos escogerlas muy frescas (vivas, con la concha bien cerrada y sin olor) y manipularlas lo menos posible, justo en el momento de servir, pues se van a tomar crudas.

Cosas buenas de esta receta

En primer lugar, son una fuente de salud que no tiene parangón en temporada, de finales de septiembre a marzo.

Además, el sabor y la tersura de su carne, que seduce al niño en su iniciación a moluscos y crustáceos. A su debida edad, pues su contenido en yodo puede producir alergias en los muy chiquitines; esperaremos como mínimo a los 18 meses y empezaremos, con pies de plomo, por un banco de pruebas.

Cosechas de aquí y allá: a la variedad de frutas de temporada, se añade una oferta de frutas exóticas a lo largo del año... Las hay para todos los gustos, por muy exigente que se sea; desde que el mundo es mundo, no se vio niño que rechazara la fruta en bloque. Y es fantástico.

Porque la fruta fresca constituye una excelente fuente de agua, vitaminas y fibras. Sobre todo de vitamina C, tan valiosa para estimular el organismo, su metabolismo y su sistema inmune –en la fruta roja y los cítricos, con máximos en el kiwi y el *casis*. De carotenos, también en la fruta del color del sol: naranja, albaricoque, mango.... Y de fibras (pectina entre otras), cuya influencia rápida en el tránsito intestinal lleva a las mamás a tomar precauciones en el consumo de fruta en verano: ¡nunca es demasiado, y menos aún cuando arrecia el calor!

Esas mismas características las encontramos en la verdura, ¡pero no contiene azúcar!

El sabor dulce de la fruta constituye su principal atractivo en cuanto el bebé la prueba por primera vez, cocida, hacia los 4 meses, cuando contiene fibras suaves (si no, se va escalonando hasta los 15 meses), pero no antes de 6 meses y con prudencia cuando puede haber riesgo de alergia (fresas).

Por el contrario, pocos glúcidos entre sus cualidades nutritivas, excepto en el caso de la castaña o el plátano. No contiene proteínas.

Ni lípidos, únicamente los frutos secos..., para compensar la falta de agua: almendras, nueces, avellanas, piñones...

La fruta del huerto y del bosque, las bayas de los setos se recogen o se eligen muy maduras, sobre todo el albaricoque, que no madura fuera del árbol, contrariamente a la pera... Maduros, sí, pero no en exceso: intactos. Y perfumados para que contengan suficiente cantidad de azúcar como para atraer a las abejas alrededor del árbol, el seto o el emparrado.

Las frutas tropicales también hay que comprarlas atendiendo a ciertos criterios: el plátano, amarillo y moteado; la piña, con el penacho de hojas fresco y aromático y con su etiqueta de «viaje en avión»; el mango, ligero, ya sea de la variedad verde o amarilla; y el kiwi, terso, para que vaya madurando a su ritmo cerca de las manzanas...

Todas las frutas son frágiles: se deben manipular con cuidado para evitar las marcas del dedo; conservarlas (¡no mucho tiempo!) al aire libre, en sitio fresco pero no en el frigorífico si contienen agua –casi todas rebosan... Lavarlas antes de pelarlas y cortarlas en trozos para después cocerlas o triturarlas –el bebé va a tomar durante bastante tiempo la fruta cocida, a la que recurriremos siempre que tenga problemas digestivos.

Refrescante, calmante de la sed, estimulante, depurativa en algunos casos, la fruta fresca siempre se tolera bien (y gusta mucho) en papillas, compotas o mermeladas. Mejor aún: el membrillo (que casi siempre se toma cocido) constituye un valioso «antídoto» en caso de «excesos» por parte de los mayores que pueden alcanzar solos los fruteros...

103

Cestas de fruta

El consejo de papá-chef:

Puede servir la compota de membrillo de postre, y su jugo de cocción de merienda, bebido en vaso o biberón. Y con pan de especias para los mayores.

Cestas de fruta
La fruta del huerto
Otoño

6 meses en adelante

Papilla de membrillo

[**20** min

Utensilios necesarios
Tabla de cortar
Cuchillo pequeño de punta fina
Bol

Compra para un niño de 1 año

[**en el mercado** 1 membrillo más bien maduro
unas gotas de limón

[**en el súper** 1 cucharada de postre de azúcar en polvo

Cosas buenas de esta receta

Por su riqueza en fibras suaves, el membrillo es tan valioso como el arroz o las zanahorias en caso de problemas intestinales. A los golosos les gusta más porque suele servirse en recetas dulces... como ésta.

La receta paso a paso

[Lavar el membrillo, pelarlo, cortarlo en cuatro trozos, retirar el corazón y las simientes. Pasar los cuartos por limón para evitar que ennegrezcan. Cortarlos en daditos.

[En la cesta de cocción al vapor, poner los dados de membrillo, el azúcar, y 2 ó 3 gotas de limón; cocer 15 min (nivel de agua 3). Verter el jugo de cocción en un recipiente. Trasvasar los dados a la batidora. Triturar (3 giros de motor), añadiendo un poco de jugo entre medias, hasta obtener la consistencia untuosa de una compota.

[¿Qué les parece?

La abuelita ha dicho:
Sustituyo el melocotón por manzana para rellenar unas empanadas de masa de hojaldre.

Cestas de fruta
La fruta del huerto
Primavera-verano

6 meses en adelante

Papilla de melocotones a la vainilla

[**25** min

Utensilios necesarios

Cuchillo pequeño
Bol
Trozo de tela (lino, yute, estameña)
Bramante de cocina

Cosas buenas de esta receta

Es una receta fresca para sofocar los calores estivales, a base de fruta cocida para equilibrar el sistema digestivo, más un dúo de aromas exóticos que realzan el sabor del melocotón: la vainilla, de Madagascar o de Australia y, más atrevido (pero merece la pena), la pimienta de Malasia que pone una nota discreta, muy apreciada por los futuros gourmets…

Compra para un niño de 1 año

[**en el mercado** 2 melocotones amarillos de Aragón en su punto

[**en el súper** 1 vaina de vainilla
2 granos de pimienta negra de Sarawak
30 g de azúcar granulado

La receta paso a paso

[Preparar una bolsita de tela, meter dentro los 2 granos de pimienta y atarla.

[Lavar los melocotones en el chorro de agua y pelarlos (para que la piel se desprenda fácilmente, los entendidos pasan primero el canto del cuchillo por toda la pieza). Cortar cada melocotón en cuatro trozos, retirar el hueso y colocar los trozos de pulpa en la cesta de cocción al vapor. Poner encima la vaina de vainilla y la bolsa con la pimienta. Cocer 15 min (nivel de agua 3).

[Una vez hecho, retirar la vaina de vainilla y la pimienta y trasvasar a un bol el jugo de cocción. Abrir la vaina de vainilla y raspar la pulpa con el cuchillo. Trasvasar los melocotones cocidos a la batidora; espolvorear con el azúcar y una pizca de vainilla; triturar (1 giro de motor); probar y rectificar de vainilla si fuera necesario; comprobar la consistencia, con sus tropezones, correspondiendo a la edad de desarrollo del niño; si es preciso, añadir un poco del jugo de cocción y girar nuevamente hasta obtener una textura lisa.

[**Servir templado o frío, según el momento.**

El consejo de papá-chef :
Deje que se le vaya un poco la mano con la vainilla: tiene que realzar el sabor del melocotón, sin arruinarlo por completo. Y absténgase de probar esta receta con otras frutas, como la pera, por ejemplo.

Cestas de fruta
Frutas heladas
Primavera-verano

8 meses en adelante

Granizado de cerezas...

[**10** min, más **30** min en el congelador

Utensilios necesarios

Deshuesador
Cuchillo pequeño con punta fina
Cacerola pequeña
Cuchara de madera
Tenedor
Fuente pequeña con borde (de unos 10 cm)

Compra para un niño de 1 año

[en el mercado 200 g de cerezas negras
2 o 3 gotas de limón

[en el súper 1 dl de agua poco mineralizada
10 g de azúcar granulado

La receta paso a paso

[Lavar las cerezas en el chorro de agua corriente. Quitar los rabitos y luego deshuesarlas (con un deshuesador o abriéndolas con un cuchillo). Ponerlas en la batidora y dar un giro, uno solo, para que queden algunos trocitos de fruta.

[Verter el agua y el azúcar en la cacerola; poner a fuego lento hasta que rompa a hervir; parar el fuego y mezclar en ese almíbar las cerezas que hemos triturado, añadiendo 2 ó 3 gotas de limón.

[Echar todo en una fuente con borde, que meteremos directamente en el congelador. Pasados 30 min como mínimo, lo sacamos y rascamos el hielo con un tenedor para obtener los trocitos de granizado.

Cosas buenas de esta receta

Es una receta ligera y digestiva, fresca y dulce a la vez que estimulante, pues la cereza proporciona energía. Para colmo, es fácil de hacer..., y de comer, ¡pero cuidado con las manchas!

El consejo de papá-chef:

Como postre sorpresa para los mayores, pruebe a hacer el granizado sobre un clafoutis de cerezas: el resultado «crudo sobre cocido» les sorprenderá y, sobre todo, les encantará.

La opinión de mamá:

Dos piscolabis frescos y muy bonitos, valiosísimos para hidratar lentamente en los días de mucho calor (recordemos, la sandía es muy rica en agua).

... y granizado de sandía

La receta paso a paso

[En verano, puede cambiar a «granizado de sandía». Parta una raja de sandía, separe la pulpa de la piel y retire las pepitas, córtela en trozos; tritúrela (1 giro de motor) y mezcle con el almíbar; congele y rasque...

¿Alphonse?

Da palmas ante el erizo, aunque acepta picotear sus «pinchos», y prueba la mermelada cerrando los ojos de placer.

Cestas de fruta
Frutas exóticas
Todo el año

6 meses en adelante

Mango en forma de erizo y mermelada

[**15** min

Utensilios necesarios

Papel absorbente
Tabla de cortar
Cuchillo pequeño de punta fina

Compra para un niño de 1 año

[**en el mercado** 1 mango del sureste de Asia

[**en el súper** un poco de azúcar (facultativo)

La receta paso a paso

[Limpiar el mango antes de cortarlo por la mitad en sentido longitudinal y retirar el hueso.

[**Cada mitad va a ser procesada de diferente manera:** con la primera mitad, vamos a hacer un erizo con unos surcos del cuchillo y buen juego de pulgares. Con el cuchillo, trazaremos en la pulpa una cuadrícula profunda hasta la cáscara; con los pulgares, volvemos la cáscara, de dentro hacia fuera. Y ya está.

[**La segunda mitad va a transformarse en mermelada:** la pelamos, cortamos la pulpa en trozos, la colocamos en el cesto de cocción al vapor y cocemos durante 10 min (nivel de agua 2). Tiramos el jugo de cocción, trasvasamos a la batidora, trituramos ligeramente (1 giro de motor) para dejar unos trocitos fundentes. Probar y, si fuera necesario, espolvorear un poco de azúcar.

[Colocar el erizo en medio del plato de postre de «su majestad», disponer la mermelada alrededor y ¡observar la reacción!

El consejo de papá-chef:

¿Por qué un mango amarillo del sureste de Asia? Porque es más aromático, y porque aroma y consistencia son las claves de esta receta que puede desdoblarse en dos postres distintos.

109

Cosas buenas de esta receta

Divertida y fácil de confeccionar, deliciosa al paladar, digestiva y saludable (con la provitamina A): ¡no tiene desperdicio!

La opinión de mamá:

Para dar un toque de crujiente, desmigo unas galletas entre cada capa, sobre todo Mjut Pepparkakor, esas galletas suecas de canela que se pronuncian «pepacoca» y que son las preferidas de Alphonse.

Cestas de fruta
Frutas exóticas
Todo el año

8 meses en adelante

Plato de las islas

[**15** min

Utensilios necesarios

Tabla de cortar
Cuchillo pequeño con punta fina
Cucharilla de café
Copita transparente

Compra para un niño de 1 año

[**en el mercado** 1/2 kiwi
1/2 fruta de la pasión
1/4 de una piña pequeña Victoria
1/4 de una papaya
1/4 de un mango (a ser posible, «Alfonso»)

Cosas buenas de esta receta

Una receta refrescante, apetitosa y rebosante de color..., si respetamos el orden del procedimiento y lo realizamos con cuidado. Y un cóctel de vitaminas (C, sobre todo), azúcares y fibras suaves, si hemos escogido la fruta madura, excepto la piña, que debe estar fresca, y el kiwi, comprado con antelación, más bien entero, para que madure en casa.

La receta paso a paso

[Se lavan todas las frutas bajo el agua del grifo, antes de pelarlas con cuchillo.

[Se corta por la mitad el kiwi y la fruta de la pasión; en cuatro trozos y en sentido longitudinal, el mango (retirar previamente el hueso), la piña (quitar la parte central dura) y la papaya (limpiar previamente de semillas con una cuchara). Reservar para otra receta (una macedonia de frutas para los mayores, por ejemplo) las partes no utilizadas aquí.

[A continuación, vamos a jugar con los colores manipulando las frutas una después de otra, para disponerlas en capas superpuestas en la copita, según la estética buscada. Empezaremos por el 1/2 kiwi; lo cortaremos en trozos y lo pondremos en la batidora; batirlo (1 giro); lo retiramos con espátula y lo trasvasamos a la copita; ponemos en la batidora el 1/4 de mango.

[Y repetimos la operación con el 1/4 de piña, luego con el 1/4 de papaya, a continuación la 1/2 fruta de la pasión.

[Por último, admiramos nuestro trabajo los dos.

El consejo de papá-chef:

Un postre fresco de los trópicos que, desgraciadamente, no tiene equivalente en el invierno para calentar la vista y el corazón. Y si me aventuro a comprar el mango «Alfonso», considerado como el mejor de India, es en honor a Alphonse, por supuesto...

Afortunadamente, hace ya mucho tiempo que no se castiga a los niños sin postre. Pensado para equilibrar el menú y, cómo no, confeccionado con amor..., ¡es la guinda en la tarta!

Su ansiado sabor debe suponer un deleite, pero un deleite sutil procedente de la fructosa de una fruta muy madura, una pizca de vainilla o, a partir de los 6 meses únicamente, una puntita de miel, de azúcar blanco o moreno, para lo que recomendamos tener la máxima prudencia, con objeto de educar el gusto desde la más tierna infancia para conseguir una sensibilidad de *gourmet.*

Debemos componer su paleta nutricional con arte. No se trata de elaborar postres complicados o pesados, sino finas golosinas que puedan tomarse solas tanto en la merienda como en los almuerzos de los domingos, o completar con gusto una comida.

Esas golosinas pueden aportar proteínas y glúcidos, y no sólo quedarse en un tentempié, tras una comida «especialmente vegetariana». Con unas galletas suecas, tortitas de jarabe de arce, *cookies* de chocolate, crepes..., cuya masa habremos realizado en dos tiempos, (tres giros de motor) en el babycook.

O un combinado agua-vitaminas–fibras, reconstituyente después de una cena a base de pasta. Con un plato tropical, un mango en «erizo» con mermelada, un granizado de sandía o cereza o, por qué no, un *crumble* fresa-ruibarbo o de frambuesas...

Y por supuesto el famoso dúo proteínas-calcio de los lácteos siempre que se desee. Con queso blanco espolvoreado de nueces desmigadas –¡con lípidos añadidos!

O mejor todavía: conjuntemos armoniosamente la fruta y los lácteos en la carta de los «batidos de yogur» creada por papá-chef, trasladando el batido de leche a un registro «especial bebé», con una retahíla de frutas, primero cocidas y luego crudas, cuando la edad lo permita.

¿Que es goloso como un gato? ¡Pues vamos a dibujarle bigotes!

Postres y meriendas

La abuelita dice:

¡Cuidado con los tropezones del crumble, no se vaya a atragantar el bebé!

Postres y meriendas

Golosinas

Verano-otoño

12 meses en adelante

Crumble de fresas-ruibarbo

Cosas buenas de esta receta

¡Crujiente y fundente, rosa y verde, dulce y ácida, despierta los sentidos! Dulce, satisface a los aventureros gastrónomos; equilibrada en nutrientes, tranquiliza a los padres.

El consejo de papá-chef:

Reserve algunas fresas con sus hojas, ya que favorece su conservación, y procure que el sabor dulce de las fresas predomine sobre el ácido del ruibarbo.

Para que la mantequilla esté blanda, hay que sacarla con antelación del frigorífico. Variaciones: sustituya las fresas por 160 g de fresas silvestres o 160 g de frambuesas.

[**1h 20** min

Utensilios necesarios

3 ensaladeras pequeñas
Papel de celofán
Un bol
Un cuchillo pequeño con punta fina
Una cuchara sopera
Papel sulfurizado
Placa de horno
Una copita transparente

Compra para un niño de 1 año

[**en el mercado**
160 g de fresas muy maduras
150 g de ruibarbo

[**en el súper**
230 g de azúcar moreno
50 g de almendra en polvo
50 g de mantequilla
50 g de harina tamizada

La receta paso a paso

[**Preparar la masa:** colocar la mantequilla, la almendra en polvo, la harina y 50 g de azúcar en la batidora. Mezclar (2 giros de motor) para obtener una masa *sablée*, bastante granulosa. Trasvasar a una ensaladera, cubrir con papel de celofán, dejar reposar una hora larga en el frigorífico. Mientras tanto, fregar la batidora; precalentar el horno a 180 °C (termostato 5).

[**Y preparar la fruta:** en primer lugar, lavar las fresas en el chorro de agua fría, quitar el tallo y colocarlas en la cesta de cocción al vapor. Espolvorear una parte del azúcar (70 g). Cocer 10 min (nivel de agua 2). Echar en un bol un poco (muy poco) de jugo de cocción, añadirlo a las fresas cocidas que trasvasaremos a la batidora. Triturar (1 giro) hasta obtener una mermelada (¡no un caldo!); echar en una ensaladera; poner a enfriar unos 15 min en el frigorífico. Lavar los tallos del ruibarbo en el chorro de agua fría y pelarlos (eliminando bien los hilos). Cortarlos en dados que colocaremos en el cesto de cocción al vapor con el azúcar restante (110 g). Cocer 15 min (nivel de agua 3). Guardar 1 cucharada sopera de jugo de cocción, para agregar al ruibarbo que trasvasaremos a la batidora. Triturar (1 giro) hasta obtener una mermelada. Verter en una ensaladera y poner a enfriar 15 min en el frigorífico.

[**Para terminar el *crumble* (una vez que ha reposado la masa):** bajar el horno a 150 °C (termostato 3). Colocar una hoja de papel sulfurizado en la placa. Por encima, desmigar unos trocitos de la masa sacada del frigorífico. Hornear durante 20 min y luego dejar enfriar. En una copita transparente, superponer una capa de mermelada de fresa (2 cucharadas soperas) y a continuación los trocitos de *crumble*.

[Queda bien, ¿no?

Mamá unta las crepes de los niños con mermelada de arándanos o de moras, gelatina de membrillo o puré de castañas.

Postres y meriendas
Golosinas
Invierno

12 meses en adelante

Crepes de la Candelaria...

[**5** min, más la cocción

Utensilios necesarios
Sartén antiadherente
Cazo pequeño
Papel absorbente
1 plato hondo
1 plato llano
1 paño

Compra para un niño de 1 año

[**en la pollería** 1 huevo «extrafresco» de gallina de corral

[**en el súper** 30 g de harina
15 g de mantequilla
8 cl de leche de crecimiento
... y para la sartén: aceite de pepitas de uva

La receta paso a paso

[**Para preparar la masa.** Poner la harina, la leche y la mantequilla en la batidora.
Cascar el huevo dentro de ella (3 giros de motor) y, si fuera necesario, extender la masa con una cuchara sopera de agua poco mineralizada. No necesita reposar.

[**Para la cocción.** Poner a calentar la sartén. Echar un poco de aceite en un plato hondo y mojar ligeramente un trocito de papel de celulosa para engrasar la sartén caliente. Verter un cacito de masa en la sartén, girándola de izquierda a derecha. Dejar dorar 1 minuto. Dar la vuelta a la crepe (en el aire, una vez que hayamos cogido confianza, para dejar boquiabierto a nuestro joven público) y dejar dorar por el otro lado. Deslizarla sobre un plato y taparla con un paño para evitar que se seque.

[Repetir esta misma operación para cada crepe.

... y crepes a la naranja

Una vez preparadas las crepes, poner a fundir 50 g de mantequilla en una cacerola a fuego lento; cuando empiece a dorarse, espolvorear una cucharadita de azúcar y dejar caramelizar a fuego lento; agregar entonces el zumo de una naranja para «desglasar». Verter en un plato hondo, incorporar las crepes y doblarlas para que se empapen bien.

Cosas buenas de esta receta

Gusta a todos y a cualquier edad. A l@ cociner@, porque es fácil y tiene casi todos los ingredientes al alcance de la mano; a los comensales, porque está tan rica que siempre repiten. Mejor que mejor, pues aporta las proteínas y los azúcares lentos que proporcionan energía a largo plazo, además de un sueño profundo por la noche.

Y como con el babycook no es preciso dejar reposar la masa antes de hacer las crepes, podemos incluirlas en el menú en el último minuto, cuando la mantequilla no esté demasiado dura...

El consejo de papá-chef:

Si añade una pizca de sal a la clara de huevo, quedará más firme. En lugar del jarabe de arce, puede espolvorear las tortitas con azúcar glas.

12 meses en adelante

Tortitas con jarabe de arce

[**15** min (+ **1** h)

Utensilios necesarios

1 ensaladera
Varillas
2 boles
1 plato hondo
Papel absorbente
Sartén pequeña antiadherente para «blinis», con mango «de quita y pon»
1 cacito
1 espátula de madera

Compra para un niño de 1 año

[**en la pollería** 1 huevo «extrafresco» de corral

[**en el súper** 30 g de azúcar blanca en polvo
150 g de harina tamizada
25 g de levadura química
4 cucharadas soperas de leche de crecimiento
1 cucharada de café de aceite de pepitas de uva
1 cucharada de café de jarabe de arce del Canadá
... o de azúcar glas

La receta paso a paso

[**Para preparar la masa,** empezar por «clarificar» el huevo separando la clara de la yema. Colocar en la batidora la harina, el azúcar y la levadura. Triturar (1 giro). Añadir la yema de huevo, triturar otra vez (1 giro). Agregar la leche y batir por tercera vez (2 giros). Trasvasar a una ensaladera y dejar reposar una buena hora a temperatura ambiente. Precalentar el horno a 180 °C (termostato 5). Batir la clara a punto de nieve para incorporarla con cuidado a la masa, una vez que haya reposado.

[**Ahora, a cocerla:** poner a calentar la sartén. Echar un poco de aceite en un plato hondo y mojar ligeramente un trozo de papel absorbente para engrasar la sartén caliente. Apagar el fuego. Verter un cacito de masa en la sartén y..., meter la sartén en el horno. La masa se va a dorar y va a subir. Cuando llegue a la altura de la sartén, dar la vuelta a la tortita con la espátula. En el momento en que se dore por la otra cara (a los 3 minutos de cocción, aproximadamente), sacar la tortita y deslizarla sobre el plato del niño.

[Derramar el jarabe de arce sobre la tortita templada; crujiente por fuera, blandito por dentro..., está para chuparse los dedos.

A Alphonse le encanta ver cómo se desliza el jarabe de arce en canalitos sobre las tortitas todavía calientes.

Cosas buenas de esta receta

Los clásicos del almuerzo británico del domingo por la mañana, sí, pero adaptados por papá-chef: todavía mejores que los pancakes made in England que Alphonse ha probado en casa de sus primos en Londres.

Glúcidos por la harina, vitaminas B por la levadura, conjunto proteínas-calcio-hierro-ácidos grasos esenciales por la leche, el «todo completo» por el huevo: ¡buen punto de partida para una jornada activa!

El jarabe de arce (maple syrup), dorado y dulce, «con sabor a bosque», es el sustituto de la miel en Canadá, con sus mismas cualidades (glúcidos sencillos y vitaminas). ¡Pone en buena forma, como a un verdadero leñador!

El consejo de papa-chef:

Acompañe las cookies con un yogur líquido, combinan muy bien. También puede sustituir el chocolate negro por chocolate blanco, o mezclarlos en la misma masa.

Postres y meriendas
Golosinas
Todo el año

18 meses en adelante

Cookies de chocolate

[30 min

Utensilios necesarios

Tabla de cortar
Cuchillo pequeño de punta fino
1 bol
1 cuchara sopera
Placa de horno
Hoja de silicona
... o de papel sulfurizado

Compra para un niño de 18 meses

[**en el mercado** 70 g de nueces de pacana

[**en el súper** 130 g de harina tamizada
140 g de azúcar moreno de caña
140 g de chocolate negro (o blanco)
90 g de mantequilla
1 cucharada de café rasa de sal

Cosas buenas de esta receta

¡Una receta para esos días en que hace un frío que pela!

La receta paso a paso

[Precalentar el horno (a 120 °C, termostato 2) y poner en la placa la hoja de silicona o de papel sulfurizado.

[Colocar las nueces en la batidora (2 giros) y trasvasar las «miguitas» a un bol. Cortar («machacar») trozos gruesos de chocolate con cuchillo. Poner en la batidora la mantequilla y el azúcar (1 giro). Añadir la harina y la sal; 1 giro. Agregar las nueces y el chocolate machacados; girar 2 veces.

[Con esta masa y con una cuchara sopera, moldear sobre la tabla de cortar una especie de salchichas de 4 cm de largo, en las que haremos rodajas de 1 cm de grosor. Colocar estas rodajas sobre la hoja de silicona o de papel sulfurizado en la placa de horno. Meter durante unos 20 min en el horno precalentado a 200 °C (termostato 6).

[**Y... servir templado para comer inmediatamente; ¡está tan rico!**

El consejo de papá-chef:
En Suecia, estas galletas se toman con una copa de «Fläder Saft», sirope de saúco y arándanos, dulce y amargo al mismo tiempo, que se bebe muy frío mezclado con agua... En su defecto, busque con sus jóvenes sumilleres la bebida que mejor le vaya.

12 meses en adelante

Galletas de canela

[**20** min (+ **3** h de reposo)

Utensilios necesarios

1 ensaladera
Papel de celofán
Hoja de silicona
o papel sulfurizado
Placa de horno
1 corta pastas acanalado
Placa de pastelería

Compra para un niño de 1 año

[el el súper
1 cucharada sopera de canela en polvo
1/2 cucharada de café de clavos de olor en polvo
1/2 cucharada de café de jengibre en polvo
1 cucharada sopera de harina tamizada
2 cucharadas soperas de azúcar blanco en polvo
100 g de mantequilla

[lácteos y huevos
2 huevos «extrafrescos» de corral
1/2 cucharada sopera de nata fresca espesa

Cosas buenas de esta receta

Redondas y onduladas, finas y ligeras, las Mjut Pepparkakor (pronúnciese «pepacoca») son las galletas preferidas de los niños suecos –¡y no sólo de los niños!–. Mi, la mamá de Alphonse, dice que «saben a brezo de Escania». Además, poseen múltiples virtudes: la canela calma el aparato digestivo; el jengibre es un buen digestivo; el clavo de olor calma los dolores de muelas y estimula el apetito..., ¡entre otras cosas!

La receta paso a paso

[Sacar la mantequilla con antelación para que esté blanda.

[**Preparar la masa:** poner en la batidora la harina, el azúcar y la mantequilla. Dar 2 giros. Agregar la nata y las especias; cascar los huevos enteros y girar otras dos veces. Trasvasar la masa a la ensaladera y cubrir con celofán. Dejar reposar 3 horas aproximadamente en el frigorífico.

[Precalentar el horno (a 200 °C, termostato 6). Colocar la hoja de silicona o de papel sulfurizado sobre la placa, fuera del horno.

[Cuando la masa haya reposado, extenderla sobre la placa de pastelería en 4-5 mm de grosor. Recortarla con el cortapastas y colocar directamente las galletas sobre la hoja de silicona (o papel sulfurizado). Bajar el horno a 180 °C (termostato 5). Introducir la placa durante 15 min de cocción.

[¡Pero hombre, dejad que se enfríen antes de probarlas!

El consejo de papá-chef:

Puede variar estas recetas con moras, ciruelas, melocotones, albaricoques o una fruta de la pasión. La cantidad de azúcar depende del grado de maduración de la fruta y de los gustos del bebé.

6 meses en adelante

Batidos de yogur a la carta

[5 min

Utensilios necesarios

1 cuchillo pequeño
Tabla de cortar
1 cuchara sopera
1 cuchara de café
1 vaso de plástico

[**base** 1 yogur «especial bebé» para 6-12 meses
ó 1 yogur de leche entera a partir de 1 año
... y una cucharada sopera de hielo picado

Batido de yogur con plátano y fresas

Compra para un niño de 1 año

1/2 plátano maduro
1 decena de fresas o 5 fresones medianos maduros
... y 1 cucharada de café de azúcar blanco en polvo

Cosas buenas de esta receta

¡Un matrimonio bien avenido! A los bebés les encanta la consistencia del plátano. Es rico en aportes nutritivos: el almidón y el potasio del plátano complementan la vitamina C de la fresa. Por supuesto, una vez verificado si es negativo el test de alergia a la fresa.

La receta paso a paso

Lavar las fresas, luego quitar los rabitos y cortarlas por la mitad. Pelar el plátano y cortarlo en rodajas. Poner todo en la batidora. Batir ligeramente (1 giro breve). Agregar el yogur, el hielo picado y el azúcar. Girar de nuevo. Echar en un vaso y servir.

Batido de yogur con fresas y kiwi

Compra para un niño de 1 año

1 kiwi pequeño, maduro
1 decena de fresas
... y una cucharada de café de azúcar blanco en polvo (aproximadamente)

Cosas buenas de esta receta

Un superconcentrado de vitaminas y energía, en el que domina la vitamina C...

Evidentemente, una vez comprobado que el bebé no es alérgico a la fresa.

La receta paso a paso

Lavar las fresas, luego cortar el rabito y partirlas por la mitad. Lavar y quitar la piel del kiwi, luego cortarlo en rodajas. Poner todo en la batidora. Batir ligeramente (1 giro corto). Agregar el yogur, el hielo picado y un poco de azúcar. Girar nuevamente. Probar, añadir azúcar si es necesario, echar en un vaso y servir.

Batido de yogur con frambuesas

Compra para un niño de 1 año

10 g de frambuesas maduras
... y 1 cucharada de café de azúcar blanco en polvo (aproximadamente)

Cosas buenas de esta receta

El color precioso y una buena dosis de vitamina C.

La receta paso a paso

Lavar con cuidado las frambuesas, luego ponerlas en la batidora. Batir ligeramente (1 giro corto). Agregar el yogur, el hielo picado y un poco de azúcar (muy poco si las frambuesas están muy maduras). Girar de nuevo. Probar y rectificar de azúcar si fuera necesario. Echar en un vaso y servir.

Batido de yogur con *cassis*

Compra para un niño de 1 año

2 cucharadas soperas de frutos de *cassis* (grosella negra)
... y 1 cucharada de café (aproximadamente) de azúcar blanco en polvo

Cosas buenas de esta receta

Parece ser que el cassis *tiene la peculiaridad de guardar intacta su vitamina C en cualquier circunstancia. Insustituible en invierno.*

La receta paso a paso

Lavar los frutos de *cassis,* luego ponerlos en la batidora. Batir ligeramente (1 giro). Agregar el yogur, el hielo picado y un poco de azúcar. Girar nuevamente. Probar y rectificar de azúcar si fuera necesario. Echar en un vaso y servir.

Batido de yogur con higo y miel

Compra para un niño de 3 años

1 higo grande, negro, muy maduro
... y 1 cucharada sopera de miel blanca

La receta paso a paso

Lavar el higo, pelarlo, cortarlo en trozos y ponerlos en la batidora. Batir (1 giro). Agregar el yogur, el hielo picado y la miel. Girar nuevamente. Echar en un vaso y servir.

Cosas buenas de esta receta

Receta de otoño supernutritiva, que reservaremos para nuestros «deportistas» a partir de 3 años, pues el higo y la miel son muy ricos en azúcar y en fibras.

Las palabras justas en cocina

La interpretación *Babycook Book* del nombre de los platos...

... que pueden tomarse con biberón o con cuchara:

- **Caldo** (de brécol): jugo de cocción fluido.
- **Crema**: puré sin grumos.
- **Gazpacho** (de tomate y pepino): sopa fría de hortalizas de verano.
- **Leche** (de lechuga roja o verde): caldo con leche añadida.
- **Puré**: verduras cocidas y pasadas, de consistencia más o menos fluida.

... para comer con cuchara:

- **Batidos de yogur**: versión «yogur» del batido de leche.
- **Brandada**: mezcla de pescado y patata.
- **Caviar** (de berenjena): mermelada salada.
- ***Crumble***: tropezones de masa crujiente sobre compota de frutas.
- **Flan**: preparado a base de lácteos y huevo.
- ***Fondue*** (de tomate): fina mermelada salada.
- **Granizado**: almíbar ligero, metido en el congelador y luego raspado en trocitos con un tenedor.
- **Gratinado**: preparado pasado por el grill para que se dore (o se cueza eventualmente).
- **Mermelada**: compota poco triturada, que contiene trozos.
- ***Mousse***: consistencia homogénea y esponjosa
- **Ñoqui**: pasta de queso.
- **Papilla de frutas**: fruta cocida triturada.
- **Puré**: verdura cocida y triturada.
- ***Quenelle***: especie de croqueta que se escalda, en vez de freír.
- **Sopa**: verdura cocida en trozos enteros (sin pasar).
- ***Tartar***: pescado o carne picada cruda y condimentada.

... para comer con tenedor:

- ***Carpaccio***: trozo cortado muy fino, marinado y cocido solamente por efecto de la marinada.
- ***Craquelin***: preparado esponjoso en el interior y crujiente en el exterior.

Las palabras justas en cocina:

- **A la inglesa**: meter un alimento en una cacerola con agua hirviendo y luego retirarlo.
- **Blanquear**: meter un alimento en una cacerola con agua fría hasta que empiece a hervir y luego sacarlo.
- ***Brunoise***: presentación en daditos.
- **Cortar**: «seccionar» o «tallar» muy fino, con cuchillo o tijeras, hierbas, chalota, cebolla, etc.
- **Cortar**: partir en trozos con cuchillo siguiendo una técnica (juliana, *brunoise*, etc.).
- **Clarificar un huevo**: separar la clara de la yema.
- ***Concasser***: cortar en trozos irregulares.
- **Diluir**: añadir un poco de líquido a un preparado que está demasiado espeso.
- **Filetear**: cortar en lonchas muy finas con cuchillo.
- **Juliana**: presentación de alimentos cortados en tiras muy finas (zanahorias ralladas).
- **Mojar**: agregar líquido hasta cubrir (a ras) los alimentos.
- **Mondar**: para pelar fácilmente un tomate, meterlo 30 segundos en agua hirviendo y luego en agua fría.
- **Pochar**: cocer en un líquido caliente.
- **Relleno**: todo preparado picado y salado.
- **Reservar**: dejar a la espera de.
- **Sudar**: cocer un alimento unos segundos sin coloración, en mantequilla o aceite moviéndolo de vez en cuando.

Los utensilios necesarios de papá-chef

• Barreño • Bramante • Cacerolas (pequeña y mediana) • Cacito (cazo pequeño) • Chino • Colador
• Cortapastas acanalado (dentado) • Cuchara de café • Cuchara de madera
• Cuchara sopera • Cucharilla vaciadora, «cucharilla parisién» • Cuchillo pequeño con punta fina
• Cuchillo pequeño de hoja ligera • Cuenco o tazón • Deshuesador • Ensaladeras (pequeña y mediana)
• Espumadera • Film extensible • Fuente para gratinar • Hoja y moldes de silicona • Mandolina
• Molde o flanera • Palillos de madera • Papel absorbente • Papel de celofán • Papel sulfurizado
• Pelador • Pincel • Placa de horno • Plancha de pastelería • Plato hondo • Plato llano
• Rallador de queso • Sartén antiadherente • Sartén de blinis • Tabla de cortar
• Tarros y recipientes con tapa para conservar los alimentos en el congelador • Tazón (o taza)
• Tela (trozo pequeño de estameña, lino o yute) • Tenedor • Tijera • Varillas • Vaso

Y también: • Cesta de cocción al vapor... • Espátula de plástico... • ... ¡y robot Babycook!

Además de delantal, paños, guantes (de látex) para el cocinero o la cocinera

El cubierto del bebé
• Plato sopero (con su soporte) • Plato llano • Plato de postre y/o cuenco • Copita transparente
• Taza para aprender a beber con su tapa • Vaso de plástico • Huevero • Cuchara y tenedor ergonómicos, no conductores del calor e inodoros • ... ¡y el biberón hasta que deje de gustarle!

• Babero con bolsillo y/o mangas • ... y trona o suplemento para elevar el asiento

La edad de la razón y...

Recetas de comidas

Recetas de postres y meriendas

Para saber más

Libros...

• *La Nutrition de Bébé,* Info-Guide Lec. édition / Hatier •
• *La Nutrition de la jeune maman,* Nutrition et Santé, Lec. édition / Hatier •
• *Fruits et légumes,* Info-Guide Lec. édition •
• *Manuel pratique de cuisine,* Ed. Hachette •
• *Larousse de la cuisine,* Ed. Larousse •
• La colección *Grands Livres de Cuisine d'Alain Ducasse,* (de próxima publicación en Ediciones Akal) •

Teléfono de atención BEABA: 00 33 474 120 910
www.beaba.com

Agradecimientos

Gracias a Jean-Louis Berchet, Christophe Bougouin y Marie Claveau de la empresa Béaba, que nos han permitido crear este libro de recetas de un papá-chef para las mamás babycook.

Gracias a David Rathgeber por haber concebido este libro para Alphonse y haber adaptado sus recetas de chef para las «pizcas de *gourmets*».

Gracias a Andrea y Millan, Gaspard y Louise, Léa y Sacha, Lili, Lilou y a Alphonse, por supuesto, por haber probado los platos..., y gracias a su mamá, abuelo y abuela por abrir de par en par la puerta de su cocina a nuestro fotógrafo, Jean-Bertrand, que trató de ser lo más discreto posible.

Gracias a Clémence por haber reunido lo necesario e ido a la compra para llevar a cabo los primeros ensayos con un dinamismo comunicativo;
Gracias a Laurence que ha sabido reunir con talento y facilitar la tarea de las recetas de papá-chef, y dar buenos puntos de referencia a los padres primerizos para que sus hijos crezcan sanos, al mismo tiempo que les educan el sentido del gusto.

Y gracias a Anne por sus creaciones gráficas y sus aciertos.

Dirección de colección
Héléne Picaud y Emmanuel Jirou-Najou

Secretaria de redacción
Marie-Alice Chicou

Fotografías
Jean-Bertrand Augendre

Creación gráfica y realización PAO
Anne Chaponnay

Traducción de Emma Gallegos Mora
y Esperanza Martínez Pérez

Título original: *Babycook Book*

© LEC, 2004
© Ediciones Akal, S. A., 2005, 2006
para lengua española

ISBN-13- 978-84-460-2353-1
ISBN-10: 84-460-2353-9
Impreso en Grupo Marte, S. A.
Depósito legal: M-23.330-2006